AF391828

Dr Robert Larsonneur
Enseignant certifié en PNL

Formation
PNL

Programmation Neuro-Linguistique

Niveau I
TOME 2

Transformez
votre vie avec la PNL.

LA PNL et le CHANGEMENT

« *Le hasard ne favorise que les esprits préparés* »
Pasteur
Tout changement aléatoire produit des résultats aléatoires.

ISBN : 978-2-9592569-7-4

Titre : Formation PNL, Niveau I, TOME 2. Transformez votre vie avec la PNL.

Sous-titre : La PNL et le changement.

Dr Robert Larsonneur

*« Je vous offre la première part de bonheur
possible... à vous d'aller aussi loin
que vous en avez envie »*
Dr Robert Larsonneur

*« Nul ne peut rester sur un chemin qui n'est
pas le sien sans en être affecté »*
Dr Robert Larsonneur

Pour réussir... *Il suffit de trouver une activité
qui vous tienne tellement à cœur que vous êtes
prêt à vous lever la nuit pour vous y remettre.*
Chris Gardner (trader)...

*Vous devez trouver ce que vous aimez faire, si
vous n'avez pas encore trouvé, cherchez.*
Steve JOBS

*Laissez-vous guider par vos passions. Faites ce
qui vous tient à cœur et le reste suivra.
Personne n'y croit et pourtant c'est vrai.*
Oprah Winfrey

Je dédie ce livre à tous mes étudiants avec lesquels j'ai passé des moments inoubliables.

Aux formateurs et aux enseignants en programmation neuro-linguistique qui font connaître cette discipline.

Je dédie ce livre également à John Grinder et Richard Bandler à l'origine de la PNL et à tous ceux qui ont contribué à son développement.

~

*À Noémie et Wendy qui éblouissent
chacune de mes journées.*

~

*JE DÉDIE CE LIVRE À MONSIEUR LE
MAIRE FRÉDÉRIC MASQUELIER POUR
L'AMOUR QU'IL PORTE À NOTRE VILLE DE
SAINT-RAPHAËL QU'IL EMBELLIT SANS CESSE.*

~

Formation PNL Niveau I -TOME 2

Transformez votre vie avec la PNL.

Pour accéder au site du
Dr Robert Larsonneur

SOMMAIRE.

~

Le changement (P. 35).

~

La technique du deuil (P. 59).

~

L'écologie (P. 101).

~

Les obstacles (P. 109).

Créativité et pugnacité.

Faux obstacles externes.

Développement de solutions alternatives.

Adaptation.

Changement de contexte.

Changement de méthode.

Ressources externes.

Coaching.

Collaboration.

Conclusion.

~

Les niveaux logiques de l'adaptation et du changement (P. 119).

~

Le SCORE (P. 141).

Disposer 6 feuilles sur le sol.

Se placer en 1er sur la position <u>méta</u>.

Se placer sur la feuille notée symptôme <u>S</u>.

Retour en position <u>méta</u>.

La personne se place sur la feuille notée cause <u>C</u>.

Retour en position méta et exploration de l'objectif.

Sur la feuille de l'objectif (<u>O</u>).

Retour sur la feuille <u>méta</u>.

Sur la feuille notée « effet », la personne s'associe aux effets.

Ensuite, retour sur la feuille <u>méta</u>.

Sur la feuille notée : « ressources » <u>R</u>, la personne s'associe aux ressources et vérifie si elles sont suffisantes.

~

Le générateur de comportement nouveau (P. 153).

Choix du comportement à acquérir.

Le contexte.

Analyser le comportement.

Mettre la personne en position dissociée.

Demander à la personne de s'associer.

Apporter si nécessaire des modifications

Choix d'un déclencheur.

Répéter plusieurs fois le comportement.

Les ponts vers le futur.

~

Procédure de changement (P. 161).

Les grandes lignes du changement.
1. Relation, alliance : la base du changement.
2. Confiance et estime de soi.
3. Retrouver la paix intérieure est important.
4. Le cadrage : la sécurité.
5. Exploration, questionnement.
   La situation présente (état présent).
   La situation future (état désiré, objectif, projet).
6. Vérification de l'écologie.
7. Choix de la technique de changement.
8. Mise en œuvre de la technique.
9. Pont vers le futur.
Conclusion.
Le suivi.
Protocole général d'une technique.

~

Le cadre du « comme si » (P. 173).

Fictionnalisme : le cadre du « comme si ».
Le « cadre du comme si » pour aller de l'avant.
Le cadre du « comme si » favorise la créativité.
Les fondements du cadre du « comme si ».
Jouons avec la carte du monde.
Les questions du cadre du « comme si ».
Utilisation particulière du cadre du « comme si ».
Conclusion.

~

Conclusion générale (P. 207).

~

Du même auteur (P. 209).

Pour compléter cet ouvrage.
Rendez-vous sur **ma chaîne YouTube** :
Des centaines de vidéos sur la PNL, l'hypnose...
Un lexique vidéo de la PNL...

~

Du même auteur
(voir informations en fin de cet ouvrage)
Autoformation en HYPNOSE et AUTOFORMATION :

~

MINCIR et **RESTER MINCE** avec
l'HYPNOSE, l'AUTOHYPNOSE, la PNL
et la NUTRITION CELLULAIRE

Avant-propos.

Ce manuel a été écrit comme un cours, il expose les techniques sous forme de démonstrations commentées. Il donne une multitude d'exemples concrets et réels pour les illustrer.
Chaque exposé est suivi de questions posées par mes stagiaires.

Je veux partager avec vous chères lectrices et chers lecteurs, tout ce que j'ai pu apprendre et enseigner.

Mon but, vous autoformer à cette merveilleuse discipline qu'est la programmation neuro-linguistique (PNL) et de vous permettre de l'utiliser pour vous-même et par vous-même dans le cadre de l'autoprogrammation neuro-linguistique.

Les prestidigitateurs ne dévoilent pas leurs secrets, je vais vous dévoiler les miens.

Vous y découvrirez toutes mes formules... des subtilités de langage comme parler à l'inconscient d'une façon tout en disant le contraire au conscient... avec la même phrase.

Ce manuel relie également la PNL aux neurosciences et aux disciplines qui l'ont influencée.

Cet ouvrage intéressera autant le débutant qui veut apprendre que le spécialiste débutant ou non qui veut se documenter.

Vous trouverez également, de nombreuses références scientifiques et philosophiques sur lesquelles vous pouvez vous appuyer pour mieux comprendre la PNL.

Docteur Robert Larsonneur

~

Toutes les techniques que je vous propose sont utilisables par vous-même, pour vous-même (autocoaching). Elles peuvent également être utilisées par vous, pour aider les autres (Coaching).

~

« Aide-toi et le ciel t'aidera »
Jean de la Fontaine
(Le Chartier embourbé).

Introduction.

A - Apprendre pour agir.

« Si tu n'as pas appris ce que tu sais
pour le mettre en œuvre,
pourquoi l'as-tu appris ? »
Épictète (50 - 125).

1. Enseignant certifié en PNL.
Je suis très centré sur la **pédagogie**. J'ai utilisé la PNL
dans mon cabinet, pour être utile à mes patients, je suis
centré sur le **faire**.

À quoi peut bien servir une connaissance que nous avons apprise si nous ne la comprenons pas, si nous ne la mettons pas en application ?

*Le savoir doit déboucher sur le savoir-faire,
c'est l'ambition de ce livre.*

~

2. Techniques/démonstrations très détaillées.
Les techniques sont exposées de façon très détaillée sous forme de techniques/démonstrations.
Beaucoup d'exemples avec des exemples réels que vous pouvez suivre pas à pas.

~

3. Questions des stagiaires.
Après chaque technique, j'ai reporté les questions de certains stagiaires, elles permettent d'aller plus loin, voire d'ouvrir vers d'autres possibles.
Ces questions sont des retranscriptions à quelques détails près, seuls les prénoms ont été changés.

*« Le maître, c'est la vie, et vous êtes toujours
en état d'apprentissage permanent »*
Jiddu Krishnamurti, Philosophe indien (1895-1986).

~

4. Soyez votre propre coach
Dès les premiers apprentissages, vous serez étonnés par tout ce que la PNL apporte au quotidien.

Outre des connaissances théoriques, vous y découvrirez des techniques exposées sous forme de démonstrations et une multitude d'exercices à réaliser par vous-même... pour vous-même.

Vous pourrez très vite aider des personnes autour de vous.

Savoir et savoir-faire.

~

5. Autoprogrammation neuro-linguistique.
Presque toutes les techniques peuvent être réalisées par soi-même : détermination d'objectif, SCORE, niveaux logiques...

~

6. PNL enrichie par les neurosciences.
Tout en vous présentant les techniques de PNL pures, je ferai des liens entre la PNL, l'hypnose, les neurosciences, la psychologie et la philosophie... tout est lié.

~

Tout est relié à tout.
Aucune discipline n'est une île,
elles sont toutes reliées.

~

7. La PNL pour tous.
La PNL considérée dans ses débuts comme une thérapie brève a conquis le monde de l'entreprise, de la santé, du

sport, du coaching... et la vie quotidienne, en couple, en famille, avec les amis.

~

8. La magie est en vous.

*Chaque être humain est une merveille,
un trésor et même un miracle.*
Virginia Satir Psychothérapeute (1916-1988)

~

Combien de stagiaires que j'ai eu la chance de former à la programmation neuro-linguistique sont venus me dire à quel point leur vie avait été transformée.
Combien de fois les ai-je entendus me dire que la PNL était véritablement magique et sont venus me remercier pour tous ces changements ?
Combien de fois ai-je inlassablement répondu :
Ça n'est ni moi, ni la PNL qui sommes magiques, mais vous.

~

B - Vos ressources sont là... à votre portée.

*Chacun d'entre nous possède des ressources
exceptionnelles et accessibles.
La PNL vous donne simplement la clé
et je vous aide à la tourner.
Peu de gens le croient avant d'avoir essayé et
pourtant, c'est vrai.*

Souvent nos ressources cachées se manifestent dans des situations exceptionnelles telles que la guerre, la maladie, le sauvetage d'une personne en détresse...

Pourquoi faut-il de telles situations extrêmes pour libérer ces ressources qui sont en nous ? Je veux vous aider à les faire émerger comme un sous-marin qui fait surface.

Je vous propose tout simplement d'accéder à vos ressources, même dans les situations de la vie quotidienne. La vie est une merveille, un trésor que je vous propose de choyer, et si vous vous êtes égaré, à vous retrouver.

C'est ce que je vais vous faire découvrir dans ce livre.

~

C - Un manuel d'autoformation.

*Un manuel complet pour les débutants
comme pour les experts.*

Il est construit dans cet esprit, les techniques sont présentées sous forme de **démonstrations commentées**, avec une multitude d'exemples concrets... et réels et de nombreuses questions de stagiaires. Les personnes qui veulent se former à la PNL, le suivront pas à pas, celles qui sont en formation, y trouveront des informations complémentaires et des exemples.

~

*Ce livre intéressera autant les débutants que
les formateurs et les enseignants en PNL.*

~

Le changement.

« Rien n'est permanent, sauf le changement ».
Héraclite d'Éphèse (Vers -500).

~

« Le changement est un jeu de forces ».

~

Un changement aléatoire
produit des résultats aléatoires.

On ne peut pas ne pas changer.

Nous changeons dès notre naissance, mieux encore dès notre conception et jusqu'à la fin de notre vie.

Un simple album photos permet d'en faire la démonstration.

Mais il y a changement et changement, il peut être subi, ou désiré ; changement de type I, changement de type II.

Puisque nous allons changer, autant prendre le contrôle du changement.

~

Depuis que l'humanité existe, nous n'avons jamais vécu de changements aussi rapides qu'aujourd'hui.

Les progrès technologiques révolutionnent notre vie.

Pour la première fois depuis le début de l'humanité, l'intelligence humaine est en compétition avec une autre forme d'intelligence que la sienne : l'intelligence artificielle (IA).

Cette nouvelle forme d'intelligence est parfois ressentie comme amicale (en médecine), parfois concurrente, parfois inamicale (armes). En fait, cette nouvelle intelligence est neutre, elle est ce que nous en faisons.

Le dernier changement de cette envergure remonte à 2,5 millions d'années lorsque nous nous sommes séparés de nos cousins les singes pour descendre sur le sol (l'Homo erectus) et apprendre à fabriquer des objets (Homo habilis). Nos ancêtres ont mis des millions d'années pour s'adapter et arriver à notre espèce actuelle : l'Homo sapiens... nous n'aurons pas ce temps.

Nous sommes entrés dans une phase **d'accélération du changement** du fait de l'informatique, de l'intelligence artificielle et de la robotique qui touchent tous les secteurs de l'activité humaine.
La mise en relation et la complémentarité des technologies NBIC (nanotechnologie, biotechnologie, technologie de l'information et technologie cognitive) produisent du changement de façon accélérée, effrénée. De nombreux êtres humains sont dépassés par cette course en avant et ont de vraies difficultés d'adaptation. Ce livre est là pour les aider.

~

Le meilleur changement
est un changement désiré.

~

La PNL est un modèle de changement.

La PNL prône un changement désiré et maîtrisé dans le respect de ce que nous sommes, de ceux qui nous entourent et du monde.

La PNL va vous permettre d'y voir plus clair quant au type de changement (changements de type I et changements de type II) et d'agir.

Elle propose des outils de clarification concernant les objectifs (la détermination d'objectif) et les projets (Les niveaux logiques de l'adaptation et du changement). Elle propose aussi des outils pour développer la motivation et des outils de changement.

~

Les portes d'entrée du changement.

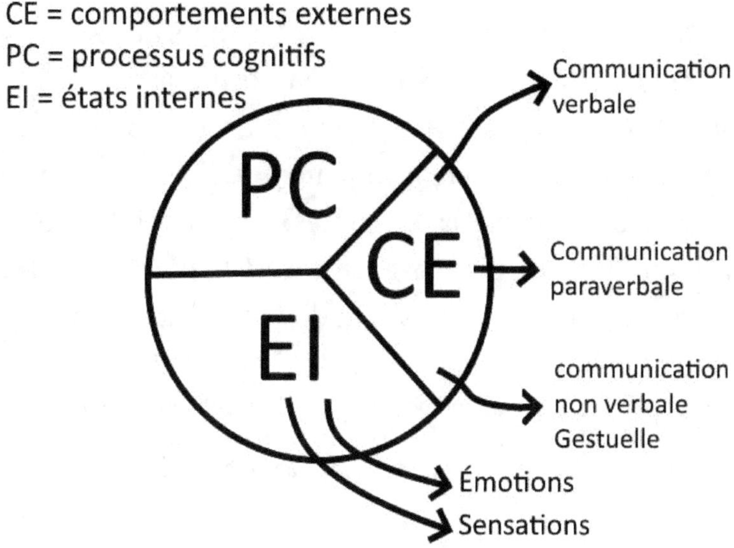

Nous pensons, nous ressentons, nous agissons, ce sont les trois pôles du fonctionnement humain (Index de computation). Ce sont aussi les trois portes d'entrée du changement.

Les processus cognitifs.

Nous pouvons agir au niveau de nos processus cognitifs (les pensées).

Les croyances.

Dans les processus cognitifs, nous retrouvons les croyances, qui nous orientent dans la vie en fonction des opinions que nous avons sur nous-même, sur les autres ou sur nous-même. Les croyances se changent... voir en annexe et dans le livre « Formation PNL niveau 3 ».

Les valeurs*.

Les valeurs représentent des choses importantes pour nous (la liberté, la sécurité, la générosité, la famille, la santé...). Nous agissons en fonction de nos valeurs. Si vous êtes dans un environnement qui respecte vos valeurs, alors vous avez toutes les chances d'être heureux. Plus que les croyances, c'est la hiérarchie des valeurs, suivant que la position de vos valeurs liberté et sécurité vous agirez de manière très différente.

** Nous n'attribuons pas le même sens au mot valeur qu'en philosophie qui parle plutôt de vertu. Voir Le Traité des Vertus de Vladimir Jankélévitch et Le Petit Traité des grandes vertus d'André Comte-Sponville (paru en 1995).*

Les critères.

Nos critères nous permettent de faire des choix. Ils nous disent ce qui est bien ou mal, beau ou laid, cher ou bon marché, loin ou près. Nos critères sont contextualisés.

Les métaprogrammes.

Ce sont des programmes mentaux qui nous servent à percevoir, à agir et à nous représenter ce qui nous entoure.

Les pensées négatives.

Elles nous empêchent d'apprécier la beauté du monde. Elles entravent nos actions et étouffent notre créativité. Parfois, elles s'attardent dans notre esprit lorsque nous ruminons nos pensées.

Les états internes.

Ce sont nos émotions et nos sensations.

Elles jouent un rôle déterminant sur notre santé et notamment le stress dont les effets sur la santé sont dévastateurs.

Nous pouvons apprendre à contrôler nos émotions et nos sensations, et à les utiliser à bon escient en développant son intelligence émotionnelle. C'est l'objet du livre : Formation niveau II : la gestion des émotions.

Les comportements.

Ce sont nos actions. Nous apprenons sans cesse à faire des choses nouvelles.

Nous agissons en fonction de nos pensées, de nos interprétations, de nos émotions. Vous trouverez dans cet ouvrage une technique permettant d'apprendre un nouveau comportement : le générateur de comportement nouveau.

Conclusion.

Vous trouverez en annexe un aperçu des différentes techniques de changement.

Les trois pôles du fonctionnement humain s'influencent mutuellement : une pensée négative va affecter vos émotions et se répercuter sur vos actions.

Tout peut être changé, à condition d'être conscient de ce qu'il faut changer, d'en avoir envie et d'avoir les outils du changement. C'est ce que vous trouverez dans les différents livres (voir les références à la fin de cet ouvrage).

Notre cerveau a une formidable capacité d'apprentissage. Il peut sans cesse fabriquer de nouvelles connexions neuronales (synapses) et fabriquer de nouveaux chemins neuronaux.

Récapitulatif.

Les processus cognitifs.

Les croyances.

Les valeurs*.

Les critères.

Les métaprogrammes.

Les pensées négatives.

Les états internes.

Les comportements.

Conclusion.

~

Changements de type I et de type II

Il y a changement… et changement, des changements désirés, des changements imposés ; des changements dits évolutionnaires (type I) et des changements révolutionnaires (type II).

Quoi qu'il en soit, nous ne pouvons pas ne pas changer. Certains changements méritent que l'on s'y oppose (augmentation de la violence), d'autres sont inéluctables et nous dépensons parfois plus d'énergie à ne pas changer qu'à nous adapter.

L'homme s'adapte depuis 2,5 millions d'années (homo habilis), il était alors appelé hominidé, et depuis 200 000 ans environ pour l'homo sapiens (homme moderne).

Changements de type I.

Changement de type I : amélioration de la bougie en ajoutant un tube en verre pour éviter

qu'elle ne s'éteigne avec le vent et un
crochet pour pouvoir la transporter.

Thomas Edison ne cherchera pas à améliorer la bougie.
Avec l'invention de l'ampoule à incandescence, il opérera
un changement de type II.

Les changements de type I sont **des changements
évolutionnaires**. Il n'y a pas à proprement parler de
changement de paradigme.

Dans le changement de type I, la personne se perfectionne :
Le soudeur va apprendre de nouvelles techniques, mais
fera toujours de la soudure, un cuisinier va apprendre de
nouvelles recettes, un chirurgien opérera toujours, il
s'améliorera ou utilisera de nouvelles techniques de chirurgie.
Il est à noter que parfois certains changements de type I
ressemblent à des changements de type II, comme pour
le chirurgien qui n'opère plus lui-même, mais sous
microscope par l'intermédiaire d'un robot.

Les changements de type I concernent des personnes, mais aussi des systèmes.

~

Changement de type II.

Dans un changement de type II, on change complètement de système, **on parle de changement de paradigme**. Des professions disparaissent, remplacées par d'autres.

La diligence a été remplacée par le train et l'automobile. Par la suite, les locomotives à vapeur ont été remplacées par des trains comme les TGV, mais là, il s'agit d'une évolution, donc un changement de type I.

Les changements de type II sont des **changements révolutionnaires**, des changements de système.
Dans les changements de type II, tout change ou presque, c'est un changement radical.

Il peut s'agir d'un changement désiré.
Un médecin décide de se reconvertir dans l'hôtellerie ou dans la restauration, il opère un changement de type II. Un menuisier qui abandonne son métier pour devenir plombier est peut-être toujours artisan, mais il a opéré un changement de type II.

Parfois, il s'agit d'un **changement obligatoire** du fait de circonstances particulières : un boulanger qui devient allergique à la farine est dans l'obligation de s'orienter vers une autre profession.

Parfois, c'est la **disparition d'un métier** : avec l'arrivée du train (1837) et l'apparition de la voiture (1860) peu à peu les métiers de coacher et de maréchal-ferrant vont quasiment disparaître.

Aujourd'hui du fait de l'intelligence artificielle et de la robotique, de nombreux métiers vont également disparaître... et d'autres vont apparaître ou se modifier tellement profondément qu'ils seront proches de changements de type II.

Les chirurgiens vont opérer avec l'aide de robots, leur métier n'aura plus rien à voir avec celui qu'ils exercent actuellement. Ce sera la même chose pour les médecins généralistes qui dans les années à venir feront de plus en plus de téléconsultation (c'est déjà commencé), leurs diagnostics seront assistés par l'intelligence artificielle.

Un jour, les automobiles ne seront plus conduites par des humains, même si cela existe déjà, on ne sait pas quand cela va se généraliser, les professions de chauffeurs de bus et de taxi vont disparaître au même titre que les conducteurs de métro... ce qui est déjà bien avancé.

Les changements de type II concernent également l'ensemble de la société, j'ai parlé précédemment de la disparition des diligences et des calèches au profit du train et de la voiture.

Nous pouvons également évoquer la quasi-disparition de la pellicule argentique au profit du numérique... du téléphone portable, de l'internet...

~

Les quatre étapes
de l'apprentissage durable.

*Ce sont en même temps les
étapes qui conduisent au
changement.*

Le processus d'apprentissage pour le changement passe par quatre étapes clés.

Première étape : nous sommes incompétents et nous ne le savons pas.

Nous ne sommes pas conscients de notre manque de compétence dans un domaine particulier soit parce que nous ne connaissons pas ce domaine, soit parce que nous n'avons jamais agi dans ce cadre. Nous ne savons pas ce que nous ne savons pas.

Cela peut engendrer une certaine inertie, car nous ne réalisons pas qu'un changement ou un apprentissage serait bénéfique.

Avant de savoir qu'un vélo existait, je ne savais pas que je ne savais pas rouler à vélo.

Cette étape va prendre fin avec la découverte d'une chose que nous ignorions. Cette découverte peut se traduire selon les personnes par de l'inquiétude, du stress ou à l'inverse de l'enthousiasme à l'idée d'apprendre une chose nouvelle.

Deuxième étape : consciemment incompétent.

C'est la prise de conscience de son incompétence.

Lorsque j'ai découvert l'existence des vélos, j'ai pris conscience que je ne savais pas en faire.

Nous comprenons qu'il y a des choses que nous devons apprendre pour progresser. Ce niveau de conscience peut parfois être déstabilisant, mais il est essentiel pour mettre en œuvre un changement.

Certaines personnes sont mal à l'aise à l'idée de ne pas savoir faire... et pourtant : nous ne sommes pas censés savoir ce que nous n'avons pas appris.

Troisième étape : consciemment compétent.

À ce stade, nous avons acquis de nouvelles compétences et nous sommes conscients de notre compétence.
Cependant, appliquer ces nouvelles connaissances exige encore **une attention consciente et un effort**. Nous sommes en phase d'apprentissage actif, et il peut y avoir une courbe d'adaptation.

Il suffit de regarder un enfant qui commence à faire du vélo pour comprendre cette étape, elle nécessite une grande concentration et souvent un apprentissage sur le mode échec/réussite ce qui est assez déplaisant, car généralement nous n'aimons pas échouer.

Cette étape est inconfortable, certaines personnes sont mal à l'aise à l'idée de repasser par cette étape et peuvent même être dans l'évitement.

Au fur et à mesure que nous apprenons, de nouvelles connexions (synapses) se mettent en place au niveau de notre cerveau et plus précisément au niveau du cortex préfrontal. La répétition augmente le nombre de synapses jusqu'à constituer de véritables chemins neuronaux. Tout commence au niveau du lobe préfrontal qui est impliqué dans la consolidation synaptique et dans l'élaboration de nouvelles routes de l'influx nerveux. Une fois cette consolidation effectuée, il faudra l'entretenir. On passe alors à l'étape suivante.

Quatrième étape : inconsciemment compétent.

C'est la phase des automatismes.

Les synapses concernées par le nouvel apprentissage sont nombreuses de nouvelles voies neuronales ont été construites.

Les nouvelles compétences deviennent automatiques.

L'enfant a appris à faire du vélo, il est capable de se déplacer sans se concentrer, il peut même parler à une personne qui roule à côté de lui.

Nous pouvons donc agir sans réfléchir à ce que nous faisons. Cela nous permet de nous concentrer sur d'autres aspects de l'apprentissage ou du changement, car nous avons intégré ces compétences dans notre routine.

Cette étape **offre un certain confort**, au point que certaines personnes hésitent à l'abandonner. Par exemple, elles peuvent refuser l'apprentissage d'un nouveau logiciel plus performant, simplement parce qu'elles maîtrisent totalement l'ancien.

Il faut tout de même reconnaître qu'il est parfois frustrant de devoir apprendre une nouvelle technique alors que l'on vient juste d'entrer dans cette étape. C'est ce qui se passe dans un monde en évolution rapide.

Conclusion.

Ces étapes illustrent bien que le changement nécessite un cheminement conscient dans un premier temps, dans un second temps, l'inconscient prendra le relais... la compétence est intégrée. Cette capacité d'inconscientiser de nouvelles connaissances ou compétences va faciliter notre adaptation et notre évolution.

Pour changer, nous avons besoin d'apprendre des choses nouvelles. Lorsque nous apprenons, nous passons nécessairement par ces étapes.

~

La technique du deuil.

*Faire le deuil d'une situation ancienne
qui empêche une personne de s'investir dans
un processus de changement.*

*Le but de cette technique est de redonner de
l'envie, de l'espoir... de relancer la personne.*

Généralités.

Le deuil est abordé ici, car ne pas réussir à faire le deuil d'une ancienne activité* appréciée **peut être un frein majeur pour retrouver un emploi**. En effet, l'attachement à un passé satisfaisant, voire enthousiasmant, peut engendrer des résistances face à de nouvelles opportunités, rendant difficile l'adaptation à un nouvel environnement de travail.

* Cela peut être la perte d'un travail, d'une entreprise, d'un projet qui tenait à cœur à la personne...

Claude, responsable de la maintenance dans une entreprise, supervisait une équipe de vingt personnes et était passionné par son travail. La nuit, son équipe s'occupait des réparations du matériel défectueux et remplaçait les pièces qui montraient des signes d'usure. Malheureusement, son entreprise a fermé, Claude a perdu son emploi et a sombré dans la dépression. Après plusieurs mois difficiles, il a commencé à se sentir mieux et s'est engagé activement dans la recherche d'un nouvel emploi. Aucune des offres qu'il recevait ne lui convenait. Il avait tendance à comparer chacune des propositions à son précédent poste, ne percevant que les inconvénients des nouvelles opportunités et ignorant leurs potentiels avantages.

Claude ne parvenait pas à faire son deuil *de son ancien emploi. Nous avons exploré différentes options, mais sans succès. J'ai alors* ***appliqué la technique du deuil*** *pour l'aider à surmonter cette période difficile. À la suite de cette démarche, Claude a pris la décision de se lancer en tant qu'indépendant, sans recruter de salariés. Il a finalement opté pour une activité totalement différente de celle qu'il exerçait auparavant. Rien dans sa nouvelle entreprise ne lui rappelait son ancien poste, ce qui lui a permis de connaître un franc succès.* ***Claude parle de son ancien travail avec plaisir et sans regret****, il a même revu certains de ses anciens collaborateurs, ce qui lui était auparavant impossible.*

De nombreux changements doivent passer par le deuil de l'ancienne situation, notamment dans les cas de changement de type II non désiré.

Le deuil au sens commun.

Dans le langage courant, le deuil fait référence à la perte d'un proche, qu'il s'agisse d'un parent ou d'une personne chère, et s'accompagne souvent de détresse et de douleur morale. Il est important de noter que le deuil normal n'est pas lié à une maladie chronique ; il représente un processus psycho-physiologique naturel. Le travail de deuil se réfère au processus psychologique normal qui mène à la fin de cette expérience de perte. Également connu sous le nom de deuil, il s'agit d'un processus naturel et sain qui doit évoluer à son rythme. Ce travail de deuil varie d'une personne à une autre et dépend également de la relation avec la personne décédée ainsi que des circonstances entourant le décès. Malgré ces différences individuelles, il est possible d'identifier plusieurs grandes étapes, qui peuvent être décrites de diverses manières.

On distingue :

Le deuil normal.

Il est caractérisé schématiquement par le passage par trois phases : détresse, dépression, adaptation.

Le deuil compliqué.

Il y a alors un blocage dans la phase dépressive, augmentation de la durée et de l'intensité de cette phase.

Le deuil pathologique.

Il débouche sur la maladie mentale, psychose mélancolique ou maniaque, il y a négation de la perte.

Ces diverses possibilités se manifestent également lorsqu'il s'agit de transitions non souhaitées, que ce soit dans le cadre d'une **activité**, d'un **métier** ou d'un déménagement, comme une **mutation**.

Ces situations dépendent fortement de la personne concernée, du contexte de la transition et de l'attachement qu'elle entretient vis-à-vis de ce qui a été perdu. Les valeurs et les croyances interviendront fortement dans la manière de vivre le changement.

Différentes approches ont été décrites dans le deuil d'une personne.

Freud en 1917.

Le deuil est une réaction psychologique extraordinairement douloureuse qui nécessite un travail psychique intense dont la fonction est de détacher du mort les souvenirs et les espoirs du survivant.

Lindemann en 1944.

IL propose la première description clinique du deuil :

<u>Phase aiguë</u> caractérisée par l'obsession de l'image du disparu.

<u>Phase chronique</u> accompagnée de nombreuses manifestations : fatigue, insomnie, trouble de l'appétit, dépression de l'immunité.

Jean Monbourquette, professeur agrégé de psychologie.

Il distingue huit étapes :

Le choc.

Le déni.

La ronde des émotions (angoisse, tristesse, sensation d'abandon, colère, culpabilité).

Prise en charge des tâches (promesses, rituels funéraires, rangement, photos, vêtements...).

Découverte du sens de la perte.

Échange de pardon : pardon pour les fautes du défunt et surtout son départ.

Prise de possession de l'héritage spirituel.

Déclaration officielle de la fin de deuil.

Lynda Pomerleau (psychologue).
Phase d'engourdissement.
Phase de perturbation.
Phase de désespoir.
Phase de réorganisation.

Autres types de deuils que la perte d'un être cher.
Par extension, on utilise le terme de deuil pour désigner
la perte de quelque chose d'important pour la personne :
deuil d'un travail, d'une relation (après une rupture,
départ en retraite) ; d'une activité ; d'une capacité ; d'un
objet important que l'on a perdu ou cassé...

~

Principe.

Le traitement du deuil peut s'appliquer à des situations
très variées, certes la plus connue d'entre elles est la
perte d'un être cher, il peut s'agir également de pertes
très variées :
Perte d'un travail que l'on a aimé.
Perte de sa société (dépôt de bilan).
Abandon d'un projet qui tenait à cœur à la personne.
Perte d'un animal familier.
D'un bijou.
D'une activité, d'un travail, d'une profession.
*D'une capacité physique (à la suite d'un accident, d'une
maladie).*
De ses racines, d'un pays (exilé).
*Perte d'une relation : séparation, divorce. Fonctionne
également dans la peur de perdre l'autre (jalousie).*

Aider une personne à effectuer le travail de deuil à la suite de la perte d'un être cher nécessite des compétences particulières. Il sera réservé à des psychologues expérimentés. De plus, ça n'est pas l'objet de ce livre. D'autant que le deuil d'un être cher est un processus naturel. L'intervention d'un professionnel sera nécessaire en cas de deuil compliqué ou pathologique. Pour le deuil, disons « naturel * », écoute et empathie constituent... dans un premier temps la meilleure approche.

** Le fait que le deuil soit un mécanisme naturel n'est pas une invitation à l'inaction. Unanimement, la parole est un élément majeur du deuil. Parfois, la famille, les amis, les proches, croyant bien faire, pour éviter de rappeler de mauvais souvenirs à la personne, construisent un silence. Ce silence n'est pas aidant, il est souvent pesant, il peut même empêcher une personne d'entreprendre son travail de deuil.*

Dans le cadre de cet exercice et de l'apprentissage de la technique, nous nous limiterons au deuil de quelque chose d'important <u>en excluant</u> le traitement du deuil d'une personne.

Quand aider une personne à effectuer son deuil ? Il n'y a pas de réponse tranchée à cette question. Les réponses que l'on peut trouver ici et là sont davantage la conséquence de croyances ou de considérations culturelles que de faits avérés et objectifs. Tout dépendra de la personne et de la nature de la perte. Néanmoins, l'écoute et l'empathie sont à mettre en place très tôt. Certaines personnes disent : *« laisse-le respirer »*. Il y a un danger à faire silence autour de la personne qui peut l'interpréter comme un abandon.

J'ai accompagné une personne qui, trois ans après la faillite de sa société, continuait à faire des cauchemars récurrents. Cette situation montre à quel point le processus de deuil peut être long et compliqué, et souligne l'importance d'une présence bienveillante et d'un soutien continu.

Approche de la PNL.

La période de deuil varie en fonction des croyances de la personne, ainsi, une personne qui pense que terminer son deuil signifie avoir oublié la personne, soit mettra beaucoup plus de temps pour faire son deuil, soit ne le terminera pas pour ne pas oublier la personne ou pour ne pas être confrontée à un sentiment de culpabilité lié au soi-disant oubli. Certaines personnes résolvent plus rapidement et de façon positive leur deuil.

~

La technique : le traitement du deuil.

Technique (d'après Connirae et Steve ANDREAS).

La technique du deuil concernant la perte d'une situation ancienne est rarement faite en première intention. Un travail préalable a déjà été réalisé.

De plus, cette technique n'est pas à réaliser immédiatement après la perte. Enfin dans certains cas* la personne que vous accompagnez devra au préalable consulter un médecin.

Par exemple, le nombre de dépressions, voire de tentatives de suicide est très élevé chez les chefs d'entreprise qui font faillite. Ce sont des situations qui peuvent paraître extrêmes, mais qui ne sont pas rares.

Le rapport.

Il s'agit de créer une relation de qualité basée sur la confiance, le respect et la sécurité. Cette relation est fondamentale dans toutes les techniques de PNL, elle l'est encore plus dans la technique du deuil. Cette relation sera dans le deuil très souvent teinté d'empathie.

Le questionnement*.

— Qu'est-ce qui vous amène ?

— Que puis-je faire pour vous ?

La première question met l'accent sur la démarche de la personne, la seconde sur l'implication du thérapeute et du coach.

Très souvent, je pose les deux questions immédiatement l'une après l'autre, il s'agit d'envoyer un double message à l'inconscient.

Même si à l'évidence, la personne vient pour un problème. J'évite de prononcer le mot problème sauf dans le cadre de reformulation, de relation empathique ou de synchronisation. (Tout ceci a été développé dans le livre niveau I, tome 1).

** La technique du deuil ne se fait que très rarement en première intention. Nous avons donc le plus souvent connaissance de ce qui se passe chez la personne.*

Cadrage : expliquer et rassurer.

Nous allons expliquer pourquoi la technique du deuil est envisagée, en quoi elle consiste.

Le travail que nous allons faire ensemble consiste pour une large part à vous aider à vous déconnecter des images négatives liées à la disparition, à la perte (travail, entreprises...) pour vous reconnecter à des images positives. Il s'agit de vous aider à vous souvenir et à revivre mentalement les bons moments de la situation ancienne.

Dans le cas de Claude, que nous avons évoqué au début de ce chapitre, il manifestait un refus de parler de son ancien travail et évitait même de rencontrer ses anciens collègues, il faisait des détours pour ne pas passer devant son entreprise. En revanche, il ne cessait de ressasser ce qui avait conduit à la perte de son emploi, ce qui l'empêchait de tourner la page et de se projeter vers l'avenir. Cette rumination constante sur sa situation passée témoignait de sa difficulté à faire le deuil de son expérience professionnelle, impactant ainsi sa capacité à se réinsérer.*

** Le refus de parler de ce qui ne va pas est un facteur aggravant, parler est salutaire et permet d'alerter l'entourage sur certains risques.*

Écologie :

Rechercher s'il y a des inconvénients pour la personne à être en mesure de s'investir dans une nouvelle situation.

Pour Claude :

— Y a-t-il des inconvénients pour vous ou pour d'autres personnes à ce que vous trouviez une nouvelle activité ?

— Y a-t-il des inconvénients pour vous et pour les autres que vous puissiez reparler de votre ancien travail ?

Les inconvénients sont souvent dus à des croyances.
Pour Claude, il m'avait répondu :
— C'est vrai que trouver un travail tout de suite, j'aurais l'impression de laisser mes anciens collègues sur le bord de la route.
— Si je passe immédiatement à autre chose, ça veut dire qu'en fait ça n'était pas si important pour moi.

La formulation de ces 2 croyances n'avait été si aisée à obtenir.

~

Première étape : les représentations mentales.
Permettre à la personne de repenser à la situation ancienne (dont on veut faire le deuil) de façon normale.

Représentation actuelle de la situation ancienne (SA-)
Expérience de vide et de nostalgie) $[R^-]$.
Comment le sujet se représente-t-il la situation ancienne ?

Remarque :
Nous n'insistons pas sur cette représentation désagréable. Cette image « négative » empêche en effet le sujet de se reconnecter à tout le positif qu'il y avait dans la situation ancienne (SA).

Claude revoit particulièrement deux situations, la première situation correspond au moment où il a appris que son usine allait fermer, la deuxième, c'est le

Représentation positive de la situation ancienne SA+, [R+].

Associé : demander au sujet de se remémorer un moment fort, agréable qu'il a vécu dans la situation ancienne. Rechercher un bon moment. Mettre au jour les sous-modalités. L'accompagner dans ce souvenir.

Dissocié : lui demander de préciser tout ce qu'elle a particulièrement apprécié dans ce moment :

- Valeurs.

- Qualités.

- Cadeaux, échanges (matériel et immatériel).

Pour Claude, il s'agissait d'un jour ou ses collaborateurs lui ont fêté son anniversaire.

Les valeurs : amitié et respect.

Les qualités : la gentillesse.

Cadeaux : Il avait reçu une canne à pêche. Et une chaleureuse poignée de main de chacun d'entre eux.

Représentation de plénitude [RP].

Rechercher une expérience de présence de plénitude.

Demander au sujet :

De rechercher une situation qui a comblé la personne, qu'il ne rencontre pas actuellement, lors de laquelle tout s'était particulièrement bien déroulé.

De visualiser mentalement la situation et d'enrichir la représentation qu'elle s'en est faite (sous-modalités).

Pour Claude, il s'agissait d'un jour où toute la famille s'était réunie pour faire une terrasse. Il faisait beau et ils avaient fait un barbecue. Claude est invité à fermer les yeux et à y repenser comme si c'était aujourd'hui.

Transposition (travail sur les sous-modalités).

Demander au sujet de se représenter l'**R+** en utilisant toutes les caractéristiques (sous-modalités) de l'**RP**, c'est en faisant comme si la situation ancienne. Lorsque le transfert de sous-modalités est opéré, demander au sujet de s'associer à la situation nouvellement encodée.

*À ce stade, la personne peut **revoir la situation négative** sans qu'apparaissent des images parasites qui créent vide, tristesse et nostalgie. Elle peut penser à l'autre de façon agréable.*

Deuxième étape : combler le manque.

Il est important de reconnaître que l'on ne peut pas ramener une situation antérieure. Dans le cadre d'un changement majeur, souvent qualifié de « changement de type deux », il est généralement impossible de retrouver une situation équivalente. Les personnes qui n'arrivent pas à faire le deuil de leur ancienne situation peuvent **s'accrocher désespérément** à l'idée de restaurer ce qu'elles avaient perdu, ou bien elles peuvent finir par abandonner et sombrer dans la dépression.

Bien que l'**on puisse comprendre leur détresse,** il est essentiel de reconnaître qu'elles se trouvent dans une impasse. Cette incapacité à avancer peut engendrer des souffrances émotionnelles supplémentaires et compliquer davantage leur capacité à se reconstruire et à envisager de nouvelles perspectives... c'est l'impasse. Le but de cette technique est de l'en sortir.

Pour entamer le processus d'accompagnement, il est pertinent de commencer par poser à la personne des questions sur **ce qu'elle souhaiterait retrouver en termes de grandes tendances**. Un travail sur les valeurs est parfois intéressant à ce stade.

Cette démarche permet de comprendre ses aspirations et ses désirs profonds, tout en l'aidant à identifier ce qui lui manque ou ce qu'elle apprécie dans sa situation antérieure. En discutant de ces éléments, on pourra également explorer les valeurs et les priorités de la personne, ce qui facilitera la construction d'un chemin **vers un nouvel avenir qui lui convienne**. Cela offrira à la personne l'occasion de se projeter positivement tout en reconnaissant les changements qu'elle doit accepter.

** Les deux révolutions industrielles, la première (1760-1840) puis la seconde (1850-1914) vont entraîner des bouleversements considérables. Dans les années 1850, les charretiers et les cochers de diligences vont disparaître ainsi que la grande majorité des maréchaux-ferrants du fait de l'arrivée des trains et des automobiles. Le nombre des couturières va chuter avec l'arrivée du prêt-à-porter, le métier de plâtrier n'existe presque plus... La nouvelle révolution, probablement d'une ampleur sans précédent, résulte du développement de l'intelligence artificielle et de son association avec la robotique.*

Les technologies NBIC se sont associées et vont être à l'origine de changements considérables.
NBIC : nanotechnologies, biotechnologies, technologies de l'information, sciences cognitives.
L'être humain va de nouveau s'adapter, cette capacité est sa caractéristique principale... et c'est ainsi depuis 2,5 millions d'années.

Troisième étape : envisager l'avenir.

Quel type de contexte le sujet aimerait-il retrouver dans l'avenir ?

<u>Travail dissocié</u>.

À partir de la manière dont le sujet vivait la situation ancienne, demandez-lui de mettre au jour les valeurs, les critères qu'il souhaite retrouver dans le futur.

En imagination, le sujet se projette dans le futur.
<u>Travail associé.</u>

Le sujet va s'imaginer dans le futur en train de vivre une nouvelle situation qui possède toutes les caractéristiques listées précédemment. Cette construction mentale future doit être floue, le sujet ne voit pas une situation précisément.

~

Récapitulatif de la technique du deuil.

<u>Généralités.</u>
Le deuil au sens commun.
Différents types de deuil : normal, compliqué, pathologique.
Différentes approches.
Autres types de deuils que la perte d'un être cher.

<u>Principe.</u>
Approche de la PNL.

La technique : le traitement du deuil.

Le rapport.
Le questionnement.
Le cadrage : expliquer et rassurer.
L'écologie.

Première étape : les représentations mentales.

Représentation actuelle de la situation ancienne, SA-
Expérience de vide et de nostalgie [R⁻].
Représentation positive de la situation ancienne
SA+, [R+]. Travail associé, travail dissocié.
Représentation de plénitude [RP].
Transposition (travail sur les sous-modalités).

Deuxième étape : combler le manque.

Troisième étape : envisager l'avenir.

Faire son deuil pour repartir vers demain.
Rien n'est facile, mais beaucoup de choses sont possibles.

Quel type de contexte le sujet aimerait-il retrouver
dans l'avenir ?
<u>Travail dissocié.</u>
<u>Travail associé.</u>

~

Conclusion.

Changer, c'est parfois faire le deuil d'une situation ancienne pour orienter son énergie vers une situation future.

Lorsque la relation intérieure que le sujet entretient avec la situation ancienne négative a évolué, celle-ci n'est **plus un poids, mais une source de réévaluation positive**.

Le sujet établit **alors un nouveau lien** avec les aspects valorisants de son passé, ce qui lui permet de se souvenir de la personne qu'il était et de ce qu'elle a apprécié dans cette période de sa vie.

Ce réconcilier avec son passé ouvre la voie à une nouvelle manière d'envisager l'avenir.

Le sujet sera en mesure d'explorer de nouvelles possibilités tout en s'appuyant sur les leçons apprises et les richesses de ses expériences antérieures. Ce qui constituait auparavant une perte peut être réinterprété comme une partie intégrante de son identité, enrichissant son parcours et l'aidant à envisager un avenir prometteur.

~

Le changement est un jeu de force.

Avant de changer, vous êtes dans un certain contexte, on l'appelle l'**état présent (EP)**.

Vous voulez changer et atteindre un autre état que l'on appelle l'**état désiré (ED)**.

ED est votre objectif.

Qu'est-ce qui vous pousse à quitter l'EP ?

Si vous souhaitez quitter l'EP, c'est qu'il présente des inconvénients et que vous êtes attiré par les avantages de l'ED. Ce sont les forces du changement.

Qu'est-ce qui vous pousse à rester dans EP ?

Si vous souhaitez ne pas changer, c'est que l'état présent a des avantages et que l'état désiré a des inconvénients. Ce sont les forces du non-changement.

Le jeu de force.

Certaines forces vont dans le sens du changement et d'autres du non-changement.

Lorsque les forces de changement sont supérieures aux forces du non-changement alors il y a changement. La différence entre les deux est le prix à payer pour changer.

La force du changement (en vert) est supérieure
à la force qui s'oppose au changement (en rouge).
il y aura changement.

Exemple :

Frédérique est ingénieur en informatique dans une importante société. Il a comme projet de créer sa propre entreprise (une start-up).

Qu'est-ce qui le motive à rester dans l'entreprise actuelle ?

Les avantages de la situation actuelle (**Aa**) :

Salaire assuré, horaire fixe, une quasi garantie de l'emploi.

Les inconvénients de la situation future (**If**) : Prise de risque de créer une entreprise et le fait qu'il devra travailler beaucoup plus...

Qu'est-ce qui le motive à créer sa propre entreprise ?

Les avantages de la situation future (**Af**) :

Être son propre patron, être autonome, perspective de salaire plus élevé.

Les inconvénients de la situation actuelle (**Ia**) :

Pas d'autonomie, peu d'évolution de salaire.

Tout ceci constitue un jeu de force qui peut être favorable à la situation actuelle (EP) dans ce cas, rien ne changera ou à l'inverse être favorable à l'état désiré (ED), alors il y a changement.

L'équation du jeu de force du changement
Il y a changement lorsque : Af + Ia > Aa + If

$$Aa + If \qquad Af + Ia$$

$$\longleftarrow\!\!\!\!\longrightarrow$$

Inaction lorsque : Af + Ia < Aa + If

Si les conditions sont favorables à Frédérique pour changer, il en retire un bénéfice :

Bénéfice = (Af + Ia) − (Aa + If)

Frédérique peut néanmoins faire le choix de changer d'activité... s'il accepte de payer le prix.

Prix = (Af+Ia) - (Aa + If)

~

L'immobilisme ne prouve pas qu'il ne se passe rien.

Si deux forces de même intensité agissent dans des directions opposées alors, elles se neutralisent

Si les forces qui s'exercent pour faire avancer sont de même intensité que les forces qui empêchent le mouvement alors, c'est l'immobilisme... la personne est tiraillée ou le système est immobilisé.

Jean croise son ami Pierre.
— Que deviens-tu ? demande Pierre à Jean.
— Je bosse sur un projet d'ouverture de restaurant, c'est un rêve que je nourris depuis longtemps. Les deux amis se quittent et, se retrouve un an plus tard.
Pierre demande :

~

Conclusion du jeu de force.

Cette présentation sous forme d'équation peut paraître réductrice… et c'est un peu vrai.

On ne peut réduire les avantages et les inconvénients à un nombre.

De plus, il faudrait quantifier les avantages et les inconvénients.

Enfin, un inconvénient pour les uns (travailler plus) ne le sera pas pour les autres. Ils doivent aborder sous forme de question : cet inconvénient te semble-t-il rédhibitoire ou simplement gênant, ou, sur une échelle de 1 à 10, à combien le mettriez-vous ?

Un inconvénient peut donner lieu à un nouvel objectif :
— Comment pourriez-vous faire pour ne pas avoir cet inconvénient ?
Très souvent, l'évaluation telle que nous l'avons abordée plus haut est analysée sous forme de sensation que nous pourrions traduire par : OK ou pas OK.

~

Le cadrage.

Le cadrage est une étape importante dans tout changement.

Il s'agit de faire une sorte d'état des lieux et de plan d'action :

- D'où partons-nous (EP) ?

- Où allons-nous (ED) ?

- De quels moyens disposons-nous ?

- Quelles sont les ressources ?

Le cadrage apporte de la clarté et permet de garder le cap. Si vous êtes coach ou si vous souhaitez le devenir, après avoir interrogé la personne, vous devez être en mesure de lui faire une synthèse sous forme de reformulation.

1) L'état présent : (EP).

C'est la situation actuelle. Vous devez pouvoir énumérer les avantages et les inconvénients et les écrire en quelques mots.

> *Ce qui se conçoit bien s'énonce clairement et les mots pour le dire arrivent aisément.*
>
> Boileau.

Exercice :

En quelques mots, précisez ce qui pose un problème dans la situation présente (faites court).

2) L'état désiré (ED).

Nous allons interroger la personne :

— Que voulez-vous ?

— À quoi saura-t-elle que son objectif est atteint ?

S'il s'agit d'un objectif ou d'un projet :

3) Préciser le contexte : où, quand, avec qui :

- Quelles sont les personnes impliquées dans votre projet ?

- Avec quoi : de quel matériel avez-vous besoin ?

- D'une façon générale de quels moyens disposez-vous ?

- Comment allez-vous vous y prendre ?

4) Gardez le cap

Questions, résumés et reformulations permettent d'avancer vers l'objectif ou le projet.

- Quelle est la première étape ?

Elle revêt une importance particulière, car c'est le lancement du projet.

- Chaque étape significative fait l'objet d'un bref résumé.

- Vérifier à l'aide de questions pertinentes que l'on est sur la bonne voie : *« Quel lien faites-vous entre cela et votre objectif, ou votre projet ? »*

~

Récapitulatif.

1) L'état présent : (EP).

2) L'état désiré (ED).

3) Préciser le contexte : où, quand, avec qui :

4) Gardez le cap

~

La détermination d'objectif.

Quand on ne sait pas où l'on va,
tous les chemins mènent nulle part.
Henry KISSINGER

Un objectif en PNL doit répondre à un certain nombre de critères. Pour être qualifié d'objectif, ce que vous voulez réaliser doit dépendre de vous, dans le cas contraire :

Ça peut être l'objectif de quelqu'un d'autre.
Par exemple, vous voulez que votre fils range sa chambre, ça n'est pas votre objectif, mais celui de votre fils.
Votre objectif doit alors être reformulé, il devient :
Mon objectif est de demander à mon fils qu'il range sa chambre. Ceci dépend de vous.

Cela peut être partiellement votre objectif.

Rencontrer demain votre banquier ne dépend pas que de vous.

En revanche, téléphoner à votre banque pour avoir un rendez-vous dépend de vous, et du coup devient votre objectif.

La détermination d'objectif est une technique extrêmement efficace pour y voir clair d'où le nom qu'on lui donne souvent en PNL : « La clarification d'objectif ».

Je vais vous proposer une version longue de la détermination d'objectif.

~

Les questions de la détermination d'objectif et les critères de validation.

Le nombre de questions peut être variable, j'ai enseigné la détermination d'objectif avec six questions. Voici un type de questionnement plus complet qui inclut les critères d'un objectif.

Voici les questions que l'on peut se poser à propos d'un objectif.

Vous pouvez <u>réduire le nombre de questions</u> (Q1, Q3, Q5, Q6, Q7, Q9), elles sont **essentielles, mais insuffisantes**, il faudra aller au-delà.

Première question.

***Quel est votre objectif ? ou* que voulez-vous ?**

C'est à l'évidence la première question à poser. Nous allons découvrir que ce qui est important, c'est la validation de l'objectif.

La réponse doit être formulée affirmativement et pouvoir se représenter mentalement.

Exemple 1 :

— Quel est votre objectif ? ou : Que voulez-vous ?

Si la personne répond :

— Je ne veux plus habiter à Paris.

Nous ne pouvons pas nous faire de représentation mentale : je ne sais pas où se situe « pas Paris ».

Il faudra alors poser une deuxième question :

— Et si vous ne voulez plus habiter à Paris, où voulez-vous habiter ?

Si la personne vous répond Lyon ou n'importe laquelle des 35 000 communes de France alors la réponse est validée. La réponse est affirmative et nous pouvons nous faire une représentation mentale de Lyon.

La demande ne doit pas être trop vague, ou trop large.

— Je veux être heureux.

Cette demande est légitime, cependant, elle dépasse les possibilités de la détermination d'objectif.

Il faudra passer à une autre technique. Un bon point de départ pourrait être :

— Décrivez-moi ce que c'est pour vous être heureux

Ça n'est qu'un début !

Nous pouvons alors passer à une autre question, puis à une autre jusqu'à ce que nous atteignions un objectif puis un autre qui iront dans le sens d'être heureux.

— Dans quel but voulez-vous atteindre cet objectif ?
— Quelle est la valeur qui sous-tend le but ?

Un objectif est au service de quelque chose de plus important : le but. **Le but** est en général sous-tendu par une valeur.

Par exemple :
— Nous voulons acheter une voiture pour être autonomes (but), la liberté est la valeur.
— Nous voulons pratiquer du sport pour être en forme (le but), la valeur est la santé.

Deuxième question.

De quelles ressources avez-vous besoin ?

Cette question est fondamentale, pour utiliser une expression triviale : "c'est le nerf de la guerre".

Nous avons beaucoup plus de ressources que ce que nous imaginons, et si nous ne les avons pas, nous pouvons les acquérir.

Pour mobiliser ses ressources... parfois emprisonnées ou dont nous n'avons pas conscience.

La PNL dispose d'un très grand nombre de techniques, dont "l'ancrage de ressource".

En PNL, lorsque nous parlons de ressources, il s'agit d'états internes.

Certains auteurs ajoutent les croyances, si nous sommes puristes, une croyance n'est pas une ressource. Évidemment, une ressource peut s'ancrer (voir les ancres dans le livre niveau II), pas une croyance. Cependant, à chaque croyance est associé un EI.

— Je veux planter un arbre.

Les ressources peuvent-être : la motivation (EI), vous pouvez aussi avoir une croyance aidante : la certitude (EI : sensation) que vous êtes capable de le faire (croyance). Il ne faut pas confondre ressources et moyens. Dans les moyens, vous pouvez avoir besoin d'une pelle et d'une pioche, de force pour le faire, voire d'aide.

Troisième question.
Votre objectif ne dépend-il que de vous ?
Cette question est particulièrement importante.

> *Ce qui dépend de toi, c'est d'accepter*
> *ou non ce qui ne dépend pas de toi.*
> Marc-Aurèle.

Si l'objectif ne dépend pas de vous, alors ça ne peut être votre objectif.

- Ça peut être l'objectif de quelqu'un d'autre.
- Ça peut être partiellement votre objectif.

Prenons comme exemple :

— Mon objectif est que ma fille m'aide dans les travaux ménagers.

La personne pourra également utiliser les positions de perception pour augmenter ses chances d'obtenir ce qu'elle veut.

Quatrième question : quel est le contexte ?

« Où, quand, comment, avec quoi ? ».

Ce sont des éléments très importants à connaître.

Si mon objectif est de perdre trois kilos dans quatre ans... le critère de temps est un peu trop loin pour l'accepter comme objectif !

Cinquième question.
Quelles seront les conséquences bénéfiques de votre objectif ?

Cette question permet d'augmenter **la motivation**, elle permet d'accéder aux effets. La personne voyant les avantages va du coup sentir sa motivation augmenter.

Sixième question.
Comment saurez-vous que vous avez atteint votre objectif ?

C'est la **validation** de l'objectif, on s'appuie sur une base sensorielle (VAKOG)e : voir, entendre, sentir, goût, odorat.

Chacun valide ses objectifs avec ses propres critères.

Pour la perte de poids, nous pouvons penser que le bon poids se mesurera sur une balance.

Pour une autre personne, il s'agit d'entrer à nouveau dans un pantalon que nous n'arrivons plus à mettre.

Pour d'autres encore, c'est se regarder dans un miroir.

Septième question : y a-t-il des inconvénients ?

Question particulièrement importante, elle fait référence à ce que nous appelons en PNL l'écologie.

La connaissance des inconvénients peut nous amener à reformuler l'objectif lorsqu'ils sont trop importants.

Parfois, il s'agit d'avoir un sous-objectif de plus :

— Si j'achète une voiture, je n'aurai plus assez de place pour ranger mes outils, ma tondeuse…

D'où un nouvel objectif : installer une cabane au fond du jardin pour gagner de la place.

Pour ce nouvel objectif, nous pouvons alors faire une nouvelle détermination d'objectif.

Huitième question : l'objectif est-il réalisable ?

Un objectif doit être matériellement, techniquement réalisable, on pourrait dire également faisable.

Nous pouvons poser la question :

— Quelqu'un l'a-t-il déjà fait ?

Si la réponse est oui alors c'est réalisable.

Cependant, la réponse est partiellement satisfaisante, car certaines choses se font pour la première fois, comme les records. Record de saut en parachute à près de 39 km d'altitude paraissait irréalisable. Celui qui l'a fait pour la première fois fut Félix Baumgartner.

D'autre part, cela peut être réalisable par une personne et pas par une autre... par exemple, sauter 2,45 m en hauteur (record du monde).

Il ne faut pas confondre réaliste et réalisable, réaliste est un jugement sur la faisabilité. Comme tout jugement, il est sujet à caution.

Comme tout jugement, il dépend des croyances de la personne qui émet le jugement, de sa carte du monde.

Beaucoup plus de choses que ce que nous imaginons sont réalisables.

~

En tentant l'impossible, on peut atteindre le plus haut niveau possible.

Johan August Strindberg, écrivain (1849-1912).

~

... Tout progrès dépend donc de l'homme déraisonnable.

George Bernard Shaw

~

Neuvième question : y a-t-il des obstacles ?

Les obstacles peuvent être internes (croyances) ou externes. La connaissance des obstacles va permettre de mettre en œuvre la recherche de solutions.

La PNL fait partie des interventions orientées solutions (IOS) et dispose de nombreux outils pour lever les obstacles par exemple : le "cadre du comme si".

~

Un héros est une personne ordinaire
qui trouve la force de supporter et de
persévérer
en dépit d'obstacles écrasants »
Christopher Reeve, acteur (1952-2004).

~

Dixième question.
L'objectif peut-il ou doit-il être découpé en sous-objectifs ?
Si oui, lesquels, par exemple pour acheter une voiture : vous devez peut-être en premier contacter votre banquier, en deuxième libérer votre garage...

Onzième question : quelle est la première étape ?
Il est important d'initialiser le changement.
Nous risquons autrement d'en rester aux bonnes résolutions qui ne se réalisent pas.

~

Il faut commencer par le commencement
et le commencement de tout est le courage.
Vladimir Jankélévitch (Philosophe, 1903-1985).

~

Douzième question : quels sont les moyens ?

- De quels moyens disposez-vous ?

- Qu'est-ce qui vous manque ? (Moyens financiers, moyens matériels, moyens humains, compétences...)

- Dans ce cas, comment trouver ces moyens ?

Les états internes comme la motivation sont à ranger dans les ressources.

Treizième question : quand commencez-vous ?

Cette question est fondamentale, car c'est elle qui lance le processus. Si vous accompagnez une personne en coaching et que la personne n'a pas commencé la semaine suivante, pas de reproche, vous poserez alors une question :

— Qu'est-ce qui fait que vous n'avez pas commencé ?

Cherchez d'éventuelles résistances, puis fixez une date de début.

~

Différences entre inconvénients et obstacles.

Un inconvénient se manifeste lorsque l'objectif est atteint. L'obstacle apparaît avant que l'objectif ne soit atteint, c'est ce qui empêche l'objectif de se réaliser. Par rapport à l'état désiré, les inconvénients se situent en aval, les obstacles en amont.

~

Exercice.

Examinez un objectif déjà réalisé au travers de ces 14 questions.

Dans un second temps, faites une détermination d'objectif pour quelque chose que vous voulez réaliser.

~

Conclusion concernant la détermination d'objectif.

La détermination d'objectif est la base de tout changement.

Nous la faisons parfois de manière inconsciente, dans le pire des cas nous ne la faisons pas et nous avons des surprises... parfois désagréables.

En agissant de manière aléatoire, nous obtenons des résultats aléatoires.

D'autres disciplines proposent des clarifications d'objectifs, voici **celles de l'analyse transactionnelle** discipline fondée par Éric Berne (Psychiatre, 1910-1960).

1) Quel est le problème que vous voulez résoudre en atteignant votre objectif ?

2) Quels sont les résultats attendus ?

3) Quels sont les étapes et les moyens ?

4) Quelles sont les ressources ?

5) Quels sont les critères de validation ?

6) Quels sont les risques de sabotage personnel ?

~

L'écologie.

Toutes les fois qu'une idée nouvelle surgit,
elle entraîne avec elle de nouveaux inconvénients.
L'œuvre du génie est d'établir la balance et
de voir de quel côté le plateau s'incline.

Louis-Napoléon Bonaparte (1808-1873)

~

« Il faut remédier aux difficultés
et aux inconvénients par la réflexion »
Johann David Wyss (1748-1818)

Les inconvénients : freins au changement.

La PNL parle d'écologie pour désigner l'ensemble des inconvénients qui surgissent à différents niveaux lorsque nous envisageons un changement.

Ne rien faire peut aussi comporter des inconvénients à rechercher :

— Qu'est-ce qui se passe si vous ne faites rien ?

— Y a-t-il des inconvénients à ne rien faire ?

Exemple.

Un de mes stagiaires, Pierre, ingénieur agronome, avait accepté un licenciement économique pour cause de fusions d'entreprises.

Son rêve depuis toujours : ouvrir un terrain de camping. Il hésitait énormément par peur de perdre sa prime de licenciement si sa nouvelle affaire ne marchait pas.

Ce qui l'a amené à ouvrir son terrain de camping fut la réponse à la question :

— Que se passera-t-il si vous ne le faites pas ?

Sa réponse fut :

— Je vais le regretter toute ma vie.

Cet inconvénient du regret perpétuel en cas de non-action fit qu'il ouvrit son terrain de camping. Nous l'avons accompagné dans son projet qui fut une belle réussite.

L'exploration de l'écologie permettra de découvrir les freins au changement et d'y apporter des solutions.

L'écologie, une approche systémique.

La PNL est une approche systémique. Un changement peut avoir des conséquences positives pour certaines parties de soi (partie professionnelle), et des inconvénients pour d'autres (parties personnelles, couple, enfant, parent).

Tout comme un changement peut avoir des conséquences positives pour certaines personnes (Mari, femme...), et des inconvénients pour d'autres personnes (enfants).

L'écologie orientée vers la solution.

Lorsque nous recherchons les inconvénients, ça n'est évidemment pas pour interrompre l'objectif ou le projet. Il s'agit en fait de connaître les impacts et d'envisager de les supprimer.

Par exemple : Vous achetez une nouvelle voiture... inconvénient : beaucoup de choses sont rangées dans votre garage. Solution : vous construisez un petit chalet en bois au fond du jardin ou vous faites de la place dans la cave.

Accepter les inconvénients... jusqu'où ?

Évidemment si les inconvénients sont trop importants, cela peut même aller jusqu'à abandonner le projet, mais pas avant d'avoir cherché des solutions pour les atténuer, voire les supprimer :

Exemple.

Une de mes connaissances avait accepté un poste de directeur d'usine en Indonésie. Il a emmené sa femme et ses enfants avec lui. Sa femme, qui exerçait un métier

Lors de la prise de décision, le mari et père de famille avait surtout vu les avantages qui étaient très nombreux : intérêt du poste, salaire très élevé, magnifique appartement de fonction...

L'écologie aurait dû être explorée, pour trouver des solutions en amont.

Les inconvénients sont parfois inconscients.

L'écologie peut constituer un frein si puissant et parfois inconscient qu'elle empêche la personne d'avancer (le changement est le résultat d'un jeu de force).

Une personne avec une valeur de sécurité dominante ne se lancera pas dans la création d'entreprise malgré ses désirs sincères. La valeur de sécurité parfois ne s'exprime qu'au niveau de l'inconscient.

La personne qui ne réalise pas son projet pour des raisons inconscientes cherchera en toute sincérité à expliquer la non-réalisation par des motifs divers (rationalisation explicative).

Et si elle réalise son projet, elle sera soumise à un très fort stress... la valeur de sécurité viendra tambouriner à la porte.

Qui est concerné par l'écologie ?

Les avantages et les inconvénients doivent être étudiés pour la personne qui est à l'origine du changement, mais aussi pour toutes les personnes concernées par les répercussions du projet et notamment les proches (famille, amis...) et pour "le monde", c'est-à-dire tout ce qui nous entoure.

Il est à noter que les inconvénients peuvent être internes (par exemple stress) ou externes (Déménagement).

Vérification de l'écologie à trois niveaux.

La vérification de l'écologie se fera au niveau de l'état présent, de l'état désiré et des moyens.

a) Au niveau de la situation actuelle (état présent).
— Y a-t-il des inconvénients à quitter la situation actuelle ?
— Y a-t-il des inconvénients à rester dans cette situation ?
— Y a-t-il des avantages à conserver ?
Il peut y avoir également des obstacles :
Internes : croyances limitantes : « Je ne suis pas capable ».
Externes : « Je n'ai pas les moyens financiers ».

b) Au niveau de la situation future (état désiré) :
— Y a-t-il des inconvénients à atteindre votre objectif ?
— Y a-t-il des inconvénients à ne pas l'atteindre ?
— Quels sont les avantages à atteindre votre objectif ou votre projet.

Parfois, la personne est tellement centrée sur les avantages de l'état désiré qu'elle ne voit pas les inconvénients.

C'est pour cette raison que souvent nous insistons :

*On se dissimule toujours les inconvénients
de ce qu'on préfère.*
Adolphe Thiers (1797-1877)

c) Au niveau des moyens.

L'écologie des moyens est trop souvent délaissée. Par exemple, emprunter une somme importante pendant une longue période peut impacter sur la qualité de vie.
— Y a-t-il des inconvénients au niveau des moyens ?
— Y a-t-il des avantages à mettre en œuvre ces moyens ?

Le changement est un jeu de force. L'écologie va jouer un rôle important.

Ce qui nous pousse à changer ce sont : les inconvénients de l'état présent, les avantages de la situation future et les avantages liés aux moyens.

Ce qui pousse à ne pas changer, ce sont les avantages de la situation présente auxquels s'additionnent les inconvénients de la situation future et les inconvénients des moyens.

Exercice :

Vous avez un objectif, même simple ou projet, listez l'ensemble des inconvénients pour vous, les autres personnes et le monde.

Systématiquement, posez-vous la question :

— S'il y en avait un autre, quel serait cet inconvénient ?

~

Récapitulatif

Les inconvénients : freins au changement.

L'écologie, une approche systémique.

L'écologie orientée vers la solution.

Accepter les inconvénients... jusqu'où ?

Les inconvénients sont parfois inconscients.

Qui est concerné par l'écologie ?

Vérification de l'écologie à trois niveaux.

    a) Au niveau de la situation actuelle (état présent).

    b) Au niveau de la situation future (état désiré) :

    c) Au niveau des moyens.

Exercice.

~

Conclusion concernant l'écologie.

La recherche de l'écologie permet d'anticiper et donc de gérer les conséquences à l'avance plutôt que d'attendre qu'elles se produisent et être pris au dépourvu.

Intégrer l'écologie dans la vie quotidienne (EP, ED, moyens) de nos actes permet d'aller dans le sens d'une vie agréable et paisible.

~

Les obstacles.

Introduction.

Il ne serait pas raisonnable d'aborder le changement
sans parler des obstacles. Les obstacles peuvent être
internes (j'ai peur de me lancer dans une activité), ou
externes (je n'ai pas d'argent et je ne peux offrir de
garanties à mon banquier). Nous verrons qu'un grand
nombre d'obstacles dits externes sont en fait internes...
et je vous proposerai une méthode pour surmonter ces
« faux obstacles externes ».

Définition.

Un obstacle est une difficulté ou une barrière qui empêche
d'atteindre un objectif, un projet, un but.
Il peut prendre différentes formes, qu'elles soient
physiques, mentales ou émotionnelles, et nécessite
souvent des stratégies d'adaptation ou de contournement
pour être surmonté.
Les obstacles peuvent être internes ou externes.

Obstacles internes.

Les obstacles internes viennent de nous comme le manque de confiance en soi, la peur d'agir, la dévalorisation, les phobies, nos croyances limitantes sur nous-mêmes, les autres et le monde...

Les obstacles internes, qui proviennent de notre carte du monde (Formation PNL, Niveau I, tome 1).

Voici quelques origines possibles :

Manque de confiance en soi.
Le manque de confiance en soi est l'une des barrières les plus communes au succès. Lorsqu'on doute de ses capacités, il devient difficile de prendre des initiatives, de saisir des opportunités ou de s'engager dans de nouveaux projets.
Ce manque de confiance peut également conduire à l'auto-sabotage, où l'individu, par la peur de l'échec, préfère ne pas agir du tout.

La peur d'agir.

 La peur d'agir, souvent alimentée par la peur de l'échec ou du jugement des autres, peut paralyser une personne. La **procrastination** en est souvent une conséquence.

Une expérience ancienne négative.

De cette expérience sont nées une croyance et une décision de comportement (évitement).

Cet aspect est abordé dans le livre formation PNL niveau III avec les techniques régressives qui consistent à retourner dans le passé pour réévaluer les conclusions tirées de mauvaises expériences.

Dévalorisation.

La dévalorisation est le processus par lequel une personne se perçoit comme étant inférieure ou incapable. Ce sentiment peut s'enraciner dans des critiques reçues au cours de la vie de la part de personne qui étaient importantes pour nous. La dévalorisation peut aussi venir de critiques répétées.

Les phobies.

Les phobies qu'elles soient spécifiques ou généralisées (comme l'anxiété sociale) sont de puissants inhibiteurs d'action et conduisent même à la fuite de l'objet de la phobie.

Les Croyances limitantes.

Ce sont des idées préconçues sur nos aptitudes, sur ce que nous méritons, ou sur la possibilité de succès, je les considère comme du « prêt à penser ». Il est tout de même important de rappeler que nous avons des croyances aidantes.

Perception négative des autres et du monde.

En PNL nous parlons de carte du monde (Livre Formation PNL — Niveau I, tome 1).

Conclusion

Surmonter ces obstacles internes est essentiel pour avancer et réussir dans nos projets.

Cela implique souvent un travail sur soi, que ce soit à travers la thérapie, le coaching, ou des pratiques de développement personnel.

Apprendre à reconnaître ces barrières et à les reconfigurer est un pas fondamental vers la réalisation de soi et l'atteinte de ses objectifs.

En adoptant une perspective plus positive et en cultivant la confiance en soi, il est possible de transformer ces obstacles internes en opportunités de croissance personnelle et professionnelle.

Obstacles externes.

Obstacle externe provisoirement infranchissable.

Définition et dynamique.

Les obstacles externes échappent à notre contrôle, ils peuvent entraver la réalisation de nos objectifs.

Les différentes sources.

Ils peuvent inclure des situations telles que des limitations financières, des réglementations bureaucratiques, des délais imposés ou des circonstances imprévues.

Créativité et pugnacité.

Les obstacles externes sont souvent perçus comme des barrières insurmontables, c'est sans compter sur la créativité et la détermination qui sont des atouts fondamentaux.

Faux obstacles externes.

Des obstacles que l'on considère comme insurmontables sont en réalité de faux obstacles, des problèmes que l'on peut contourner par une **approche innovante**.

Développement de solutions alternatives.

Trouver des solutions moins coûteuses ou des partenariats pour la réalisation d'un projet.

Si cela vous semble impossible, posez vous des questions qui commencent par : Comment :

— Comment faire pour réduire le coût du projet ?

— Comment faire pour trouver des partenaires ?

Adaptation.

Trouver des moyens nouveaux et efficaces.

— Comment pourrais-je faire autrement ?

Changement de contexte.
Les personnes focalisent souvent sur le contexte comme s'il était immuable. Considérez-le comme une variable.
— *Dans quel contexte le projet pourrait-il fonctionner ?*

Changement de méthode.
« Think different » Slogan d'Apple de 1997 à 2002
La flexibilité peut permettre de déplacer des montagnes.
Ressources externes.
Si vous n'avez pas les compétences, quelqu'un d'autre les possède.

L'art de la réussite consiste à savoir s'entourer des meilleurs.
John Fitzgerald Kennedy.

Coaching.
Pourvu de bien s'entourer, un coach peut vous aider à trouver votre chemin.
Collaboration.
Chercher des partenariats gagnant-gagnant.

Conclusion.
Pour la PNL, nous avons les ressources pour produire le changement attendu, ou nous pouvons les acquérir, ou nous pouvons faire appel à une personne qui dispose de ces ressources.

Dans un torrent, un rocher n'empêche pas l'eau de passer, elle va le contourner, passer par-dessus…

Je veux que ma fille participe aux travaux ménagers… ne dépends pas de moi, mais d'elle. Ce qui dépend de moi, c'est de le lui demander.
Obtenir un prêt de ma banque ne dépend pas de moi, ce qui dépend de moi est de monter un dossier…

~

Récapitulatif

Introduction.

Définition.

Obstacles internes.

Manque de confiance en soi.

La peur d'agir.

Une expérience ancienne négative.

Dévalorisation.

Les phobies.

Les croyances limitantes.

Perception négative des autres et du monde.

Obstacles externes.

Définition et dynamique.

Les différentes sources.

Créativité et pugnacité.

Faux obstacles externes.

Développement de solutions alternatives.

Adaptation.

Changement de contexte.

Changement de méthode.

Ressources externes.

Coaching.

Collaboration.

Conclusion.

~

Conclusion.

Vous ne m'entendrez jamais dire « Quand on veut, on peut ». Nous avons besoin d'un minimum de condition favorable. Cette phrase est trop générale, si je pensais cela, je ne pourrais pas regarder dans les yeux une petite fille dans les faubourgs de Calcutta ou un enfant dans les bidonvilles de Johannesburg.

Les personnes qui me connaissent vraiment disent de moi « que je suis parti de zéro », je dis plutôt du troisième sous-sol. J'ai rencontré infiniment plus d'obstacles que de situations favorables, lorsque je parle d'obstacles, je sais de quoi je parle. J'ai toujours eu une foi indéfectible en l'avenir… c'est ce que je vous souhaite. L'eau qui s'écoule fait fi des obstacles, elle finit toujours par trouver un passage. J'aurais pu prendre des exemples célèbres comme Steve Jobs, Mohed Altrad, John D. Rockefeller Senior ou encore Sam Walton, ce sont des exemples d'exception qui auraient sans doute amené certaines personnes à utiliser le grand annulateur de Chomsky : le fameux « oui mai ».

La PNL vous propose de très nombreuses techniques de changement, nous y reviendrons.

~

Ne crains pas d'avancer lentement,
crains seulement de t'arrêter.
Proverbe chinois.

~

Les niveaux logiques de l'adaptation et du changement.

« N'essayez pas de devenir un homme
qui a du succès.
Essayez de devenir un homme
qui a de la valeur. »
Albert Einstein.

La PNL s'est inspirée des travaux de Grégory Bateson, anthropologue (1904-1980) qui a créé le MRI (Mental Research Institute) à Palo Alto.

Ils ont été adaptés à la PNL par Robert Dilts.

Les niveaux logiques constituent un modèle. C'est le cadre de référence dans lequel s'organisent la pensée et l'action de la personne.

Nous avons vu avec la détermination d'objectif que nous étions limités notamment par la question :

« Votre objectif ne dépend-il que de vous ? ».

Dans un projet, il est rare que le projet
ne dépende que de la personne.

L'exploration d'un projet passe par six niveaux et à chaque niveau, des questions spécifiques.

Plus vous montez dans les niveaux logiques, plus votre motivation augmente.

Cet outil permet de classer les informations et nous verrons que plus nous montons dans les niveaux et plus les informations impactent.

Les niveaux logiques nous donnent des indications sur le niveau auquel se placer pour résoudre un problème.

~

1. Exploration des différents niveaux.

Les niveaux logiques comportent **six niveaux** à explorer :

Afin de les explorer, nous allons utiliser un exemple de projet comme fil conducteur.

Corentin *est le guide*

François est le coaché.

Projet : installation de François comme architecte d'intérieur.

*Corentin crée **le rapport** (voir chapitre sur ce sujet).*

— Bonjour François. Vous m'avez dit que vous aviez le projet de vous installer comme architecte d'intérieur. Je suis très heureux de vous accompagner dans votre beau projet.

Corentin fait le cadrage.

— Je vais utiliser un très bel outil de la PNL que l'on appelle les niveaux logiques.

Vous allez voir, c'est très simple (Corentin rassure François). Cet outil comporte 6 niveaux et chaque

~

Vous avez deux options :

La première option consiste à poser les questions une par une, niveau par niveau.

La seconde option, celle que je préfère, consiste **à laisser parler** la personne, à **classer les informations** au fur et à mesure qu'elle nous les donne, et ensuite à chaque niveau **reformuler** à partir des informations que vous possédez et **poser des questions** pour recueillir ce qui vous manque.

~

2. Technique/démonstration.

Groupes d'appartenance
Identité
Croyances et valeurs
Capacités
Comportements
Environnement

1er niveau : L'environnement.

 Où, quand, avec qui, avec quoi ?

Les questions que nous allons poser concernant ce niveau sont :

a) Où ?

— François, pouvez-vous me dire si vous avez décidé où vous souhaitiez vous installer ?

Parfois, les personnes vous donnent une réponse qui va au-delà de votre question, par exemple :

— Nous allons nous installer à Dijon, nous pensons avec mon futur associé que c'est la ville idéale, nous y connaissons beaucoup de gens. Nos deux familles sont originaires de Dijon.

François a donné plus d'informations que Corentin ne le souhaitait.

Sa question ne portait que sur le lieu.

Il va classer les informations dans les bonnes cases. Il a dit qu'il s'associait et a donné plusieurs de ses croyances qui seront classées au niveau 4 que nous allons découvrir par la suite. (Croyance et valeurs).

Corentin écoute, classe et surtout garde le cap : deuxième question :

b) Quand ?

Selon vous, dans combien de temps pensez-vous ouvrir votre cabinet d'architecte d'intérieur ?

— Dans six mois environ, le temps que je fasse une formation de communication pour savoir proposer au mieux les projets.

François donne une **information supplémentaire** (la formation) que Corentin classe dans le niveau trois (les compétences).

Nous ne demandons pas ici une date précise, nous acceptons un intervalle de temps sous réserve qu'il ait du sens par rapport à la taille du projet.

c) Avec qui ?

Le avec qui n'interroge pas sur les personnes avec qui nous partageons quelque chose d'important comme une passion. Ce sera abordé avec le niveau 6 (le groupe d'appartenance).

— Entendu, répond Corentin.

Le mot entendu est choisi à dessein, le conscient n'y fait pas attention alors que l'inconscient le capte et considère ce mot comme un gage de bonne écoute.

— Vous m'avez dit que vous aurez un associé (reformulation d'une partie de la première réponse)... pouvez-vous m'en dire plus ?

ou bien :

— Est-ce que le projet comportera d'autres personnes en plus de votre associé ?

— Je vais effectivement avoir un associé, et également une secrétaire, et une personne pour nettoyer des locaux.

Pour ce qui est de l'associé, cela peut déboucher sur une autre technique : Le co-alignement des niveaux logiques.

Ces trois personnes ne sont pas classées dans le même niveau. Les deux associés sont à classer dans le niveau six (Le groupe d'appartenance) que nous allons découvrir par la suite et qui sont des personnes qui partagent des choses importantes.

d) Avec quoi ?

Le « avec quoi » correspond à tout ce qui est nécessaire : le matériel, les locaux, les éventuels véhicules...

— Quel est le matériel nécessaire ainsi que les locaux ?

Bien évidemment, François, en bon coach qu'il est, utilise tout ce que nous avons décrit comme critères d'une bonne écoute.

— Concernant les locaux et le matériel dont vous avez besoin, pouvez-vous m'en parler ? Relance Corentin.

— Je ne sais pas précisément où le local va se situer, mais nous avons besoin d'un « open space » pour

travailler, d'une pièce isolée pour recevoir les clients au calme et une pièce/accueil pour la secrétaire. Concernant le matériel, nous avons besoin de…
— Entendu, donc si vous le permettez (demande d'autorisation), on résume tout cela : donc, vous allez vous installer à Dijon avec un associé, vous aurez besoin d'une secrétaire. C'est une installation prévue dans six mois.
Concernant les locaux, il vous faut 3 pièces : un « open space », une pièce/accueil pour la secrétaire, et une pièce pour recevoir les clients au calme et également du matériel…
Corentin vient de reformuler avant de passer au niveau deux.
La reformulation permet de se souvenir de tout et également de montrer que l'on a bien écouté.
— Est-ce bien cela ? (Validation).
— Oui.

~

2e niveau : Comportement.

Niveau qui concerne les actions, ce que fait la personne.
— Que faites-vous ?
— Qu'allez-vous faire ?
— Que devez-vous faire ?
— François, j'aimerais vous poser une question sur ce que vous allez faire. J'ai bien une idée sur ce que fait un architecte d'intérieur, mais il y a beaucoup d'autres choses à faire.

— Vous avez raison. Évidemment, je vais faire mon métier d'architecte d'intérieur, mais je vais également m'occuper de la relation client. Avoir de beaux projets à proposer, c'est une chose, savoir les proposer en est une autre. Ça s'assimile à de la vente (François vient de faire part d'une de ses croyances).

Mon associé n'est pas intéressé par cette partie de notre activité, en plus de son travail d'architecte, il va gérer le site internet, les réseaux sociaux et la comptabilité, c'est un ancien comptable.

Corentin peut reformuler, mais cela n'est pas absolument indispensable.

~

3e niveau : Les compétences, les capacités.

Nous allons à ce niveau nous intéresser à ce que la personne sait faire et ce qu'elle ne sait pas faire, les compétences qu'elle doit acquérir.

— François, nous allons faire un petit point sur les compétences concernant vos savoir-faire et éventuellement les compétences qui pourraient vous manquer.

Ça concerne pour vous : le métier d'architecte d'intérieur et la relation client.

— Oui alors en ce qui concerne les compétences, j'ai fait des études d'architecte d'intérieur et également une spécialité en agencement de bureau ce qui inclut l'ergonomie et la création d'espaces de travail agréables et aux normes.

~

Reformulation des trois premiers niveaux

Nous allons franchir une étape importante en quittant les trois premiers niveaux et en abordant le quatrième. Ça peut être le bon moment pour Corentin (Le coach) de faire une reformulation qui porte sur les 3 premiers niveaux. Nous remarquons dans la réponse de François qu'il a déjà anticipé concernant une formation, on dit que François est proactif.

~

4ᵉ niveau : Croyances et valeurs :

Le questionnement porte sur les croyances et les valeurs.

Nous commencerons par les croyances.

On accède aux croyances avec les questions commençant par : **pourquoi**.

Les croyances portent sur soi, les autres personnes et le monde au sens large.

Nous allons nous intéresser aux croyances contextualisées du projet.

Concernant le projet de François :

Croyances sur lui-même.

— Je suis capable de beaucoup travailler.

Sur les autres.

— Mon associé est une personne de confiance.

Sur le monde.

— Beaucoup de gens sont à la recherche de bons professionnels.

Même si les croyances se trouvent au niveau quatre, elles **rayonnent sur l'ensemble des niveaux logiques**, nous avons des croyances sur l'environnement (François nous a dit que Dijon était la ville idéale), sur les actions, les comportements, sur les compétences, sur les croyances (Exemple : J'ai beaucoup de croyances aidantes), sur les valeurs, sur l'identité (niveau cinq) et sur les groupes d'appartenance (niveau six).

Comment poser la question à propos des croyances ?

Tout d'abord, il n'y a rien de plus simple pour accéder aux croyances que d'**écouter**, car dans une conversation les gens donnent une multitude de croyances, il suffit d'être attentif.

Une bonne façon de poser une question sur les croyances en langage courant est :

— Que pensez-vous de… ?

Il y a beaucoup d'autres questions sur les croyances :

— Que diriez-vous à propos de… ?

— Quelle est votre opinion concernant… ?

Voyons quelques questions à poser à François… il faudra en poser beaucoup plus.

— Dites-moi François, en quoi le choix de la ville de Dijon vous semble-t-il être un bon choix ?

— En quoi est-ce important d'avoir une secrétaire ? »
— Pourquoi pensez-vous que la relation client est importante ?
— Quelle est votre opinion sur le centre de formation que vous avez choisi ?
La réponse commencera généralement par :
« parce que... ».

Voyons maintenant les valeurs.
Pour quoi (<u>en deux mots</u>) d'important...
La PNL a une approche beaucoup plus pragmatique sur les valeurs qu'en philosophie.
Plusieurs philosophes ont écrit sur les valeurs comme Vladimir Jankélévitch (1903-1985) avec le « Traité des vertus* » ou André Comte-Sponville avec son livre : « Petit traité des grandes vertus* ».
** La frontière entre vertus et valeurs est ténue. En philosophie, on parle essentiellement de vertus, en PNL de valeurs.*

Il existe plusieurs définitions concernant les valeurs :
En PNL, une valeur est un mot qui désigne quelque chose d'important pour la personne, nous avons donc une **vision large de la notion de valeur**.

Nous pouvons également définir les valeurs par rapport à la notion de critère que nous verrons par la suite :
Une valeur est un critère non contextualisé.
Une autre définition serait :

Une valeur est un principe important pour une personne qui guide ses actions.

Il est plus facile d'appréhender la notion de valeurs au travers d'exemples : **la liberté, la sécurité, la famille, l'égalité, la fraternité, la générosité, l'amour**...
Plus que les valeurs elles-mêmes, le plus important est la hiérarchie des valeurs de la personne.
Dans le cas qui nous intéresse : nous devons rechercher les valeurs en rapport avec le projet plutôt que les valeurs de la personne en général.

Voici quelques exemples de questions qui peuvent être posées en fonction de l'entretien que Corentin (le coach) a eu avec François (Le coaché).

— Qu'est-ce qui fait que vous vous mettez à votre compte ?

— La liberté, l'autonomie. (On retiendra la valeur Liberté).

— Vous m'avez dit que vous n'aimiez pas travailler seul.

— Mon associé est un ami de longue date et j'ai besoin que ce soit un ami pour m'associer (valeur amitié) pour pouvoir partager le travail, les joies, les difficultés aussi (nous retiendrons la valeur « partage »).

— Vous m'avez dit que vous travaillez beaucoup. Est-ce important pour vous ?

— Oui, je pense qu'on ne peut pas réussir un tel projet sans travailler beaucoup. (Croyance).

— Le travail, c'est très important pour moi (valeur travail).*

** En philosophie, le travail n'est ni une valeur ni une vertu.*

Conclusion sur les croyances et les valeurs.

Les croyances peuvent évoluer en se confrontant à la réalité.

Les valeurs quant à elles n'évoluent que très lentement. Nous ne changeons pas de valeurs facilement.

En général, c'est la hiérarchie des valeurs qui est susceptible d'évolue, mais lentement.

~

5ᵉ Niveau : Identité.

Là encore, c'est à mettre en relation avec le projet.

L'identité se réfère à ce que nous sommes.

Ce niveau est également appelé la **mission**. C'est la mission que je m'assigne pour aller vers **mon idéal**.

Vision - rêve - idéal
Mission
Croyances et valeurs
Capacités
Comportements
Environnement

*Choisissez un travail que vous aimez
et vous n'aurez pas à travailler
un seul jour de votre vie.*
Confucius (-551, -479)

Plusieurs façons de poser la question.
Question plutôt du psychologue. « *Est-ce que le métier d'architecte d'intérieur fait sens avec qui vous êtes ?* »

Question plutôt de type langage courant : « *Est-ce que ce métier vous correspond ?* »

Autre possibilité : « *Est-ce que ce métier d'architecte d'intérieur parle de vous ?* »

Ou bien encore : « *Vous sentez-vous en phase avec cette profession ?* »

Lorsque c'est le cas, la réponse sera en général quelque chose du genre :
— *J'ai toujours eu envie de faire ce métier.*
— *Je me sens vraiment en phase avec ce métier.*
— *Ce métier me passionne depuis toujours.*

~

6ᵉ Niveau : Groupe d'appartenance.
Un groupe d'appartenance est un groupe de personnes qui partagent des choses importantes. Nous parlons de passion commune, de rêve commun, d'idéal commun, de vision.

Je connais deux amis qui ont comme passion commune la voile et de quoi pensez-vous qu'ils parlent lorsqu'ils se rencontrent ?

Le couple devrait se situer à ce niveau, s'il se situe au niveau un... ça n'est pas bon signe.

Nous pouvons avoir plusieurs groupes d'appartenance : les passionnés des jeux d'échecs, de bridge, d'astronomie...

Toutes ces personnes se sentent reliées entre elles par leurs passions communes.

Concernant notre exemple, le groupe d'appartenance est l'ensemble des personnes passionnées par leur métier d'architecte d'intérieur.

À ce niveau, on partage **un idéal, une vision, un rêve.**

C'est à ce niveau que nous retrouvons les **vocations.**

~

Remarques.

- Quand chez une personne, les niveaux 2 ; 3 ; 4 et 5 sont en accord, nous disons qu'elle est en **cohérence interne.**

- L'écologie externe est respectée lorsque les niveaux 1 et 6 sont respectés, on parle alors de **cohérence externe.**

- Lorsqu'une personne est en cohérence interne et en cohérence externe, on dit qu'elle est **alignée.**

~

3. Différentes utilisations des niveaux logiques.

a) Stimuler la <u>motivation</u> pour soi, pour une équipe.

Plus nous montons dans les niveaux logiques et plus la motivation augmente.

Nous sommes plus motivés par ce que nous faisons (niveau 2) que par les locaux ou le matériel (niveau 1).

Nous sommes plus motivés par nos compétences (niveau 3) que par ce que nous faisons (niveau 2), etc.

b) <u>Se présenter</u>, présenter un projet, son activité.

Un ami qui fêtait les 100 ans de l'entreprise familiale avait décidé de réunir un très grand nombre de clients. Il avait préparé un discours, il est venu s'entraîner chez moi. Je le connaissais bien et je savais que son entreprise familiale était sa passion et qu'il ne l'aurait pas vendue même pour le triple de sa valeur. Bien que son discours fût parfait, il parlait surtout de techniques (niveau deux et trois des niveaux logiques). Nous avons retravaillé le discours ensemble en montant dans les niveaux logiques en mettant l'accent sur les niveaux quatre (valeurs et croyances), cinq (identité) et six (l'idéal, le rêve, la vision)... et là, au lieu d'être applaudi, il a été ovationné et a donné des frissons à toute la salle.

Conclusion.

Pour vous présenter, parlez bien évidemment des trois premiers niveaux puisque ce sont des niveaux techniques, mais passez vite aux trois niveaux supérieurs.

Lors d'un recrutement, on élimine dans un premier temps les candidats qui n'ont pas les compétences, c'est donc une sélection par rejet en quelque sorte et ensuite on sélectionne positivement sur les croyances, les valeurs, l'identité et le groupe d'appartenance que la personne est susceptible d'intégrer (travail d'équipe), c'est-à-dire sur les niveaux supérieurs.

c) Les niveaux logiques : un outil de <u>changement</u>.

En explorant les niveaux logiques, vous repérez pour vous-même ou la personne que vous accompagnez des problèmes comme : un lieu qui ne convient pas (Niveau un), une compétence manquante (niveau trois), une croyance limitante (niveau quatre) :

— Je ne vais pas y parvenir, c'est trop compliqué pour moi.
Une difficulté avec une valeur forte (niveau quatre des niveaux logiques) par exemple avec la valeur sécurité qui nécessitera de sécuriser le projet... voire des difficultés aux niveaux cinq et six, comme ce stagiaire qui devait reprendre l'entreprise de son père... plus par facilité et pour lui faire plaisir que par vocation.

Conclusion.

Toutes ces découvertes grâce au questionnement nécessitent un travail, des exercices de changement. Presque tout peut être changé, à condition de savoir ce qui doit être changé, d'en avoir envie et de disposer des outils. Ce qui ne peut pas être changé doit être adapté ou évité. Si vous avez une valeur famille très forte, vous ne pourrez pas aller à contre-courant. Une valeur ne se change pas en un claquement de doigts.

d) Niveaux logiques et <u>mémorisation</u>.

Les niveaux logiques permettent de classer les informations dans le bon ordre... un peu comme si chaque niveau était un tiroir de rangement. Quand tout est bien rangé dans votre cerveau, on retrouve facilement les informations.

e) Niveaux logiques et <u>modélisation</u>.

Pour modéliser le savoir-faire d'un expert, nous devons définir l'action précise que nous souhaitons modéliser (niveau 2), détailler la compétence (niveau 3), vérifier qu'il n'y a pas d'obstacles au niveau des valeurs et des croyances (niveau quatre).

Nous modélisons un savoir-faire, pas une personne (niveau 5 : identité). Il ne s'agit pas de devenir l'autre.

Si les conditions ne sont pas remplies, surtout au niveau des valeurs (les croyances se changent), il faudra trouver un autre expert.

g) Trouver la <u>solution</u> d'un problème.

Un problème trouve sa solution au niveau supérieur et impacte sur les niveaux inférieurs.

> *On ne peut résoudre un problème en employant le même niveau de pensée que celui qui crée le problème.*
> *Einstein [1879 -1955]*

h) <u>Classer les outils</u> de la PNL.

Les outils de la PNL se situent à des niveaux différents.

~

4. Êtes-vous aligné ?

Cohérence interne.

Une personne est en cohérence interne lorsque les niveaux deux, trois, quatre et cinq sont en accord.

La personne agit (Niveau 2), elle sait faire (niveau trois), elle a des croyances aidantes (niveau quatre) sur ce qu'elle fait, ce qu'elle fait est en accord avec ses valeurs (niveau quatre) et lui correspond (niveau cinq).

Cohérence externe.

Si de plus elle est en accord avec son environnement (Niveau 1) et qu'elle se sent appartenir à un groupe avec lequel elle partage des choses importantes (niveau six : vision, idéal, rêve).

Alignement.

Une personne est alignée lorsqu'elle est en cohérence interne et en cohérence externe.

Non-alignement transitoire.

Il peut arriver que nous ne soyons pas alignés, cela doit être transitoire, par exemple lorsque nos croyances sont en désaccord avec nos comportements. Nous manquons alors de fluidité, d'aisance, nous sommes mal à l'aise...

Exemple :

- Une société change de système informatique, pendant la phase d'apprentissage nous ne sommes pas alignés et nous pouvons ressentir un certain niveau d'inconfort.
- Le non-alignement peut être plus délicat lorsque nous ne nous sentons pas en phase avec les valeurs de la société qui évolue dans un sens qui n'est pas le nôtre.
Au niveau 6, il peut exister des conflits entre les divers groupes d'appartenance : conflit de générations : conflit entre la génération X (plutôt sécurité) et la génération Z (plutôt nomade)... dans dix ans va arriver la génération alpha (personnes nées à partir de 2010).

~

Exercice sur les niveaux logiques.

Vous avez un projet personnel ou professionnel, passez-le au crible des niveaux logiques. Vous pouvez aussi utiliser les niveaux logiques dans le cadre de votre activité professionnelle actuelle.

~

Conclusion concernant les niveaux logiques.

Les niveaux logiques constituent un outil de changement extrêmement complet et puissant.

Tout d'abord, il permet de recueillir des informations précieuses qui révèlent des problèmes nécessitant des solutions adaptées.

Ensuite, les niveaux logiques permettent, lorsqu'ils sont associés à d'autres outils, de créer de nouvelles techniques et de favoriser ainsi de nouvelles synergies.

En l'associant par exemple avec lui-même (deux niveaux logiques en parallèle) pour donner le co-alignement des niveaux logiques (projets collaboratifs), aux positions de perception et à la ligne de temps pour créer le PNLt (**P**ositions de perception, **N**iveau logique, **L**igne de **t**emps). Et comme nous l'avons déjà abordé, cet outil peut également être utilisé pour se présenter efficacement ou pour stimuler sa motivation personnelle.

Les niveaux logiques constituent un cadre polyvalent, ils facilitent l'analyse d'un projet et la mise en œuvre de solutions constructives et collaboratives.

~

Récapitulatif.

1. Exploration des différents niveaux.

2. Technique/démonstration.

1er niveau : L'environnement.

Où ? Quand ? Avec qui ? Avec quoi ?

2e niveau : Comportement.

3e niveau : Les compétences, les capacités.

4e niveau : Croyances et valeurs :

Les croyances.

Les valeurs.

5e Niveau : Identité.

6e Niveau : Groupe d'appartenance.

3. Différentes utilisations des niveaux logiques.

a) Stimuler la motivation pour soi, pour une équipe.

b) Se présenter, présenter un projet, son activité.

c) Les niveaux logiques : un outil de changement.

d) Niveaux logiques et mémorisation.

e) Niveaux logiques et modélisation.

g) Trouver la solution d'un problème

h) Classer les outils de la PNL.

4. Êtes-vous aligné ?

Cohérence interne.

Cohérence externe.

Alignement.

Non-alignement transitoire.

Exercice sur les niveaux logiques.

Conclusion concernant les niveaux logiques.

~

LE SCORE

Pierre consulte parce qu'il doit se rendre à un entretien d'évaluation particulièrement important pour lui. À la clé de cette évaluation, une très probable promotion. Il est hyper stressé et à peur de perdre ses moyens.

Généralités.

Le SCORE est une technique très intéressante, ne serait-ce que par la porte **d'entrée : le problème**. Très souvent, les personnes qui consultent, que ce soit un coach ou un psychothérapeute, viennent **avec un problème**.

L'autre intérêt majeur du SCORE est de combiner des **positions <u>associées</u>** (émotionnelles) à **une position <u>dissociée</u>**, c'est-à-dire une prise de recul, de réflexion et d'analyse : la position méta.

Le SCORE inclut la **clarification d'objectif** et introduit le facteur émotionnel.

Les différentes positions du SCORE.

Le SCORE explore la **situation présente** ou État Présent (EP) au travers des **s**ymptômes (**S**), des **c**auses du problème (**C**), l'**o**bjectif (**O**), les **r**essources (**R**), des **e**ffets (**E**) produits.

6 feuilles de papier sont disposées sur le sol :

	C		R		O	
S						E
			Méta			

Les feuilles de papier ne seront pas disposées sur le sol suivant l'ordre SCORE, mais SC**R**OE, le R de ressource séparant S et C (état présent) de O et E (état désiré).

Le symptôme (S).

C'est la partie visible, observable, consciente du problème, c'est la manière dont le problème se manifeste. Le symptôme fait partie de l'état présent. Il peut être un comportement, un EI (trac par exemple).

C'est souvent par le symptôme qu'une personne aborde sa problématique, c'est en effet la partie émergée de l'iceberg.

— Qu'est-ce qui ne va pas ?

Cette question permet d'accéder au symptôme.

Même si on formule la question sous un autre angle :

— Qu'est-ce qui vous amène ?

Ou encore :

— Que puis-je faire pour vous ?

La réponse sera presque immanquablement le symptôme.

Si nous posons la question à Pierre, il nous répondra :

— Je viens vous voir, car je suis hyper stressé (symptôme) parce que je...

La cause (C).

C'est ce qui est à l'origine du symptôme. Souvent moins consciente que le symptôme, d'autant qu'une cause peut en cacher une autre !

La cause peut être :

Un déclencheur : je me mets en colère (symptôme) quand on me contredit (la cause)

Une croyance : je ne suis pas capable de… (croyance sur moi) provoque le trac (symptôme).

Ce qui est à l'origine de la croyance : parents dévalorisants qui ont conduit l'enfant à douter de ses capacités voire encore de sa valeur personnelle.

La situation.

Tout ce qui active la croyance dans le présent.

Une valeur bafouée.

Une valeur bafouée une seule fois peut être à l'origine de différentes réactions, dont la colère. Une valeur bafouée en permanence générera du mal-être.

— Qu'est-ce qui provoque ça ?

Cette question permet d'accéder à la cause.

Ou tout simplement :

— Quelle est la cause ?

Dans le cas de Pierre, la réponse sera par exemple :

— L'enjeu de l'entretien.

Il est à noter que la cause donnée par le sujet n'est pas toujours la vraie cause… mais l'arbre qui cache la forêt.

L'objectif (O).

C'est ce que la personne veut à la place de la situation présente, c'est-à-dire l'état désiré (ED).

On explorera l'objectif grâce aux questions de la détermination d'objectif et notamment l'écologie.

— Que voulez-vous ?

Dans le cas de Pierre, la réponse sera :

— Je veux être dynamique.

Nous aurons intérêt à ce stade à développer la clarification d'objectif.

L'effet (E).

C'est ce qui va se produire lorsque l'objectif sera atteint.

La personne sera en **contact avec sa motivation**.

On recherchera quelles sont les valeurs qui sont satisfaites.

Qu'est-ce que cela t'apportera quand tu auras atteint ton objectif ?

Les ressources (R).

Ressource : un des **mots clés de la PNL**.

Nous avons beaucoup plus de ressources que ce que nous croyons.

Les ressources permettent de passer de l'état présent (EP) à l'état désiré (ED).

Les ressources peuvent être :

- Passées, présentes ou futures.
- Conscientes ou inconscientes.

Différence entre une ressource et un moyen au sens PNL.

Une ressource est un état interne.
Les moyens.

C'est ce que nous devons mettre en œuvre (par exemple une technique) pour atteindre l'objectif.

*Apprendre à parler anglais est un **moyen** pour développer son activité à l'étranger, la **motivation est une ressource** pour apprendre l'anglais.*

Une ressource s'ancre... évidemment pas un moyen.

Une croyance (processus cognitif) **ne s'ancre pas**, il est cependant possible d'ancrer l'état interne (EI) associé à cette croyance. La Programmation Neuro-Linguistique (PNL) propose de nombreuses techniques (moyens) pour accéder à nos ressources, telles que l'ancrage, la dissociation et le changement de croyance.

De quoi as-tu besoin pour atteindre ton objectif ?

La position méta.

Alors que dans les différentes positions du SCORE nous nous associons à la situation (nous vivons la situation comme si nous y étions, comme si elle était présente), en position méta **nous analysons, nous nous interrogeons**, c'est le « lieu » où on pose les questions avant d'aller ressentir sur le S, le C, le R, le O et le E.

~

Description de la technique.

Disposer 6 feuilles sur le sol.

La feuille R se trouve **au centre**.

Les feuilles S et C sont à gauche, c'est l'**espace problème**.

Les feuilles O et E se trouvent à droite, c'est l'**espace solution**.

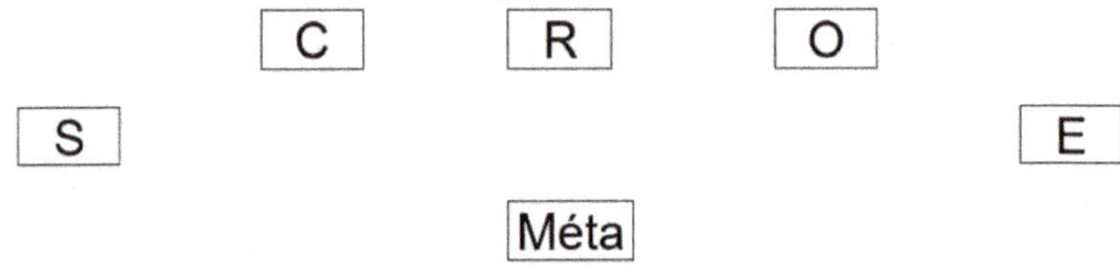

Se placer en 1ᵉʳ sur la position <u>méta</u>.

La personne évoque la situation présente, ce qui la gêne.

La position méta est la position de la réflexion, du questionnement.

En position méta « <u>on est dans le mental</u> », cette position dissociée (non émotionnelle) permet de prendre du recul, de la distance.

Pierre parle de sa future réunion, le stress qu'il vit en y pensant et le stress qu'il va ressentir lors de la réunion. Il décrit précisément le cadre, le contexte ainsi que l'autre personne présente durant l'entretien.

Se placer sur la feuille notée symptôme <u>S</u>.

La personne a mis au jour le symptôme en position méta, ce qui est chose aisée puisque c'est ce que la personne exprime le plus souvent en premier.

La personne s'**associe** au symptôme, elle vit la situation. Le guide (coach ou psychologue) veille à ce que la personne n'aille pas trop loin dans ce ressenti en général désagréable,

Pierre vit le stress de l'entretien.

Retour en position <u>méta</u>.

Recherche de la cause.

Pour Pierre, la cause est l'entretien et surtout l'importance de l'enjeu.

La personne se place sur la feuille notée cause <u>C</u>.

Comme précédemment, la personne s'associe cette fois à la cause, elle ressent toutes les émotions et les sensations liées à la cause.

Pierre vit la cause et ressent l'émotion associée.

Retour en position méta et exploration de l'objectif.

En position méta, on va poser toutes les questions de la détermination d'objectif relative à l'objectif lui-même.

Ce que veut Pierre, c'est ressentir son dynamisme.

Sur la feuille de l'objectif (<u>O</u>).

La personne s'associe à son objectif atteint, elle vit les émotions de l'objectif atteint.

Pierre ressent le dynamisme.

Retour sur la feuille <u>méta</u>.

Le guide demande à la personne qu'il accompagne ce que le fait d'atteindre son objectif va lui apporter.

Pierre dit qu'il ressentira une certaine la fierté à maîtriser ses émotions.

Sur la feuille notée « effet », la personne s'associe aux effets.

Il est important que la personne soit bien associée, car c'est là que se trouve la motivation.

Pierre ressent la fierté d'avoir maîtrisé ses émotions.

Ensuite, retour sur la feuille <u>méta</u>.

Le guide aide la personne à rechercher de quelles ressources il dispose ou quelles sont les ressources qu'il doit acquérir pour atteindre son objectif.

Pierre annonce que la ressource dont il a besoin est la confiance en soi.

Sur la feuille notée : « ressources » <u>R</u>, la personne s'associe aux ressources et vérifie si elles sont suffisantes.

Pierre s'associe à sa ressource « confiance en soi ». Il la ressent fortement, aidé par le guide.

Si la ressource est suffisante, la personne passe directement sur la feuille O et s'associe à son objectif potentiellement atteint.

Si ça n'est pas le cas, le guide propose la technique la plus appropriée pour les acquérir.

Remarques.

- Le SCORE est une **technique de clarification** et non de résolution de problèmes, il ne débouche donc pas obligatoirement sur la résolution. Cependant, le fait d'y voir clair est de s'être associé aux effets et à l'objectif atteint est parfois suffisant pour que la solution émerge d'elle-même.

- Idéalement, cette technique se pratique comme nous venons de le voir, cependant il est possible, en fonction des circonstances, de la pratiquer mentalement (tout en s'associant à S, C, O, R et E). Vous pouvez également utiliser des petits morceaux de papier disposés sur une table. Il existe également plusieurs variantes, notamment concernant la conclusion de la technique sur la feuille « objectif » ou sur la feuille « méta ».

- Cette technique est également réalisable sur la ligne de temps vue dans le manuel niveau III.

~

Récapitulatif.

Généralités.

Les différentes positions du SCORE.

    Le symptôme (S).

    La cause (C). La cause peut être :

        Un déclencheur

        Une croyance

        La situation.

        Une valeur bafouée.

L'objectif (O).

L'effet (E).

Les ressources (R).

    Différence entre une ressource et un moyen au sens PNL.

        Une ressource est un état interne.

        Les moyens

La position méta.

~

Description de la technique.

Disposer 6 feuilles sur le sol.

    Se placer en 1er sur la position <u>méta</u>.

    Se placer sur la feuille notée symptôme <u>S</u>.

    Retour en position <u>méta</u>.

    La personne se place sur la feuille notée cause <u>C</u>.

    Retour en position méta et exploration de l'objectif.

    Sur la feuille de l'objectif (<u>O</u>).

    Retour sur la feuille <u>méta</u>.

    Sur la feuille notée « effet », la personne s'associe aux effets.

    Ensuite, retour sur la feuille <u>méta</u>.

    Sur la feuille notée : « ressources » <u>R</u>, la personne s'associe aux ressources et vérifie si elles sont suffisantes.

~

Le générateur
de comportement nouveau.

Généralités.

Le générateur de comportement nouveau est un protocole développé par John Grinder et Richard Bandler. Il permet d'apprendre à faire quelque chose de nouveau et d'observable (geste technique par exemple) ou d'améliorer un comportement déjà acquis.

Il est utilisé de **manière intuitive** comme méthode d'apprentissage. La plupart du temps, lorsque nous voulons apprendre à faire quelque chose de nouveau, l'idéal est de copier ce que quelqu'un d'autre sait faire. L'idéal à l'évidence est de choisir une personne qui maîtrise parfaitement le savoir-faire que l'on veut modéliser.

Dès notre naissance, et même avant, nous manifestons extérieurement par nos comportements les processus internes (états internes, processus cognitifs).

Tout au long de notre vie, nous allons acquérir de nouveaux comportements soit volontairement en les apprenant consciemment (marche, vélo...) soit involontairement (sourire, mouvements du corps...).

Apprendre de nouveaux comportements jusqu'à ce qu'ils deviennent automatiques nécessite de la répétition et donc de l'entraînement (sport, musique). Par la répétition, nous créons dans le cerveau de nouvelles connexions (synapses) qui vont permettre la construction de véritables chemins neuronaux. Plus vous vous entraînez, plus vous renforcez vos chemins neuronaux.

Parfois il s'agit de remplacer un comportement inapproprié ou inefficace par un comportement adapté au contexte et efficace. Cela peut être de perdre de « mauvaises habitudes ». il faut en effet déconstruire les « chemins neuronaux » et en construire de nouveaux.

~

Technique.

Choix du comportement à acquérir.

Le choix du comportement **doit être contextualisé**. Un comportement n'est bon ou pas qu'en fonction du contexte. Si le comportement choisi comporte plusieurs étapes, il faudra choisir une étape qui ne peut être découpée en sous-étapes et pour avoir le geste complet, on copiera chaque étape les unes après les autres.

Un nombre infini de comportements peuvent être modélisés : un service au tennis (c'est notre exemple), la façon d'accueillir une personne (en termes de gestuelle), une poignée de main... étaler la pâte d'une galette...

Le contexte.

Un comportement n'est jugé bon ou mauvais qu'en fonction de ce même contexte.

Par exemple, modéliser une poignée de main dépendra de la personne à qui on serre la main : une femme, un homme, un enfant, un contexte professionnel ou personnel.

Si le comportement sélectionné se compose de plusieurs étapes, il est important **d'identifier une étape** qui ne peut pas être divisée en sous-étapes.

Pour réaliser le geste complet, chaque étape devra être exécutée successivement.

De nombreux comportements peuvent être modélisés, comme un service au tennis (notre exemple), la manière d'accueillir une personne par la gestuelle, une poignée de main, ou encore le processus d'étalement de la pâte d'une galette.

Pour illustrer la technique, nous allons prendre comme exemple un de mes étudiants Guy qui veut apprendre à bien servir au tennis. Il veut prendre comme exemple

Analyser le comportement.
Rechercher toutes les caractéristiques visuelles (Ve), auditives (Ae), kinesthésiques (Ke) du comportement. Si la personne a repéré ce comportement chez une autre personne, elle peut l'utiliser comme modèle.

Dans le cas de Guy, il veut modéliser le lancement de balle lors du service. Il va donc regarder la manière dont son entraîneur lance la balle. Comme, il a filmé le geste, il va pouvoir le voir autant de fois que nécessaire. Il va regarder avec précision le déroulement du geste.

Mettre la personne en position dissociée.
La position dissociée signifie une **prise de distance**, c'est une position non-émotionnelle. C'est aussi une **position d'analyse et de réflexion**.
Spectatrice, elle se voit (ou le modèle) sur un écran en train d'avoir le comportement.
Vérifier que le comportement observé a bien **toutes les caractéristiques du comportement souhaité**. Dans le cas contraire, apporter les modifications nécessaires.

Dans un premier temps, la personne voit son modèle puis on l'invite à prendre sa place, soit directement, soit, dans un premier temps, en ayant le comportement en parallèle. Elle voit le modèle, ou elle se voit en train d'avoir le comportement ou encore elle se voit à côté de son modèle et se voit faire le geste en même temps que le modèle.

*Dans le cas de Guy, puisqu'il a filmé le geste, il peut le regarder plusieurs fois, voire au ralenti. Ensuite, il ferme les yeux et voit son modèle exécuter le geste. Enfin, il peut **soit se voir en parallèle avec son modèle soit se voir seul** en train d'exécuter le geste.*

Demander à la personne de s'associer.

De spectatrice, elle devient actrice : « elle passe dans le film ». Elle ne se voit plus en train de faire, elle fait. Elle vit la situation avec le comportement et en éprouve les EI. Elle ne se voit donc pas dans son intégralité.

Dans le cas de Guy, il se voit, il voit la balle, voit le court de tennis devant lui… Il est connecté à ses émotions et à ses sensations. Il n'est plus observateur neutre de lui-même, il voit la situation et la ressent.

Apporter si nécessaire des modifications.

La personne après avoir vécu mentalement le comportement peut décider d'apporter quelques modifications. Dans ce cas, reprendre à l'étape 2 avec le comportement modifié.

Guy va ressentir s'il sent que le geste est bon ou s'il doit opérer des modifications (toujours mentalement).

Choix d'un déclencheur.

Le déclencheur doit être un élément du contexte. Pour une poignée de main par exemple ce sera la personne, l'inconscient captera le contexte et agira en conséquence.

Répéter plusieurs fois le comportement.

Un comportement pour devenir automatique doit être répété plusieurs fois pour « fabriquer » les chemins neuronaux, de la même façon qu'un chemin de randonnée se fait par le passage répété et régulier des randonneurs.

Les ponts vers le futur.
La personne s'imagine dans plusieurs expériences futures avec le comportement et les vit.

~

Récapitulatif de la technique.
   Généralités.
   Technique.
      Choix du comportement à acquérir.
      Le contexte.
      Analyser le comportement.
      Mettre la personne en position dissociée.
      Demander à la personne de s'associer.
      Apporter si nécessaire des modifications
      Choix d'un déclencheur.
      Répéter plusieurs fois le comportement.
      Les ponts vers le futur.

Conclusion.

Tout ce que nous venons de **voir est mental**. La préparation mentale, la construction de synapses et de chemins neuronaux doit précéder la préparation physique et non pas l'inverse comme c'est le plus souvent le cas.

La force des sportifs de haut niveau est de préparer leur cerveau en amont. Voyez comme les skieurs répètent mentalement une descente, chaque porte, voyez comme un coureur automobile connaît chaque virage, à quel endroit accélérer, à quel endroit rétrograder... je pourrais continuer les exemples...

La construction de nouvelles synapses et de nouveaux chemins neuronaux se poursuivra **avec la pratique physique cette fois**.

~

Procédure de changement.

« *Il n'y a qu'une seule chose dans la vie qui ne change jamais, c'est le changement* ».
Confucius (-551, -479).

Les grandes lignes du changement.

Pour changer, vous avez besoin de savoir **ce que vous voulez changer**, ce que vous voulez **mettre à la place** de la situation présente (état présent), d'en avoir **envie**, d'avoir les **outils** nécessaires au changement, une méthode et le **courage** de faire le premier pas.

> *Les courageux sont des commençants.*
> Vladimir Jankélévitch - Philosophe (1903-1985)

1. Relation, alliance : la base du changement.

C'est le **préalable**, il s'agit de créer avec la personne que vous accompagnez le **rapport**, c'est-à-dire un climat de confiance, de respect et de sécurité. Avec le rapport, la personne se sentira à l'aise.

Je vais plus loin en préconisant l'**alliance**. L'alliance n'est pas propre au coaching, on la retrouve en thérapie : « l'alliance thérapeutique* », mais aussi dans l'enseignement...

Trois éléments sont à ajouter par rapport au rapport pour obtenir cette alliance :

- La personne doit être **impliquée**, on parle de co-coach.

- La personne doit sentir **votre implication****.

- Vous devez travailler **ensemble** sur la base du « **NOUS** » des positions de perception.

S'il s'agit d'un projet, il devient **votre projet**.

Ce type de relation doit être maniée avec respect, en prenant en compte les mécanismes de transfert et de projection.

Les premiers à s'être véritablement intéressés à l'alliance thérapeutique sont les oncologues (oncologie intégrative).
*** Principes de Rosenzweig concernant l'efficacité d'une psychothérapie (1930) : 1) Le patient <u>doit être impliqué</u>. 2) Le patient doit sentir que le <u>thérapeute est impliqué</u> dans le traitement. 3) Le patient doit avoir confiance dans le traitement. 4) L'efficacité du traitement.*
Bien que décriés, à cause des pourcentages donnés par Rosenzweig, ses principes restent d'excellents points de repère.

2. Confiance et estime de soi.

Il n'y a pas de réel changement si vous ne vous sentez pas capable de le réaliser (confiance en soi) ou si vous estimez que vous ne le méritez pas (estime de soi).

Sans la confiance en soi, et l'estime de soi, **tout changement consomme énormément d'énergie**, car la personne lutte en permanence contre une partie d'elle-même. Nous abordons les conflits internes dans le livre Niveau II.

Si vous êtes coach, vous devez en permanence agir positivement sur la confiance en soi et l'estime de soi de la personne que vous coachez.

Si vous êtes dans le cadre de l'autocoaching, vous devez travailler votre estime de soi et votre confiance en soi.

Je veux insister également sur la notion **de secret professionnel** qui va de soi, mais qui doit également être dit. Si la personne redoute de vous dire quelque chose à cause <u>d'un manque de confiance, la parole n'est pas libérée</u>. Si vous êtes coach, ceci doit figurer sur le contrat et clairement expliqué.

Cela peut vous sembler aller de soi, il faut l'expliciter.

3. Retrouver la paix intérieure est important.

Pour accéder à la paix intérieure,
regardez vos échecs pour apprendre,
vos réussites comme des ressources,
les deux pour avancer et être heureux.

Ne vous laissez pas polluer par les regrets inutiles, par les critiques acerbes contre vous-même.

Combien de personnes se disent : « *Je m'en veux d'avoir choisi telle chose plutôt que telle autre...* ». Au moment où vous avez fait certains choix, ils étaient logiques par rapport aux éléments à votre disposition. Retournez derrière vous pour voir toutes vos réussites qui sont autant de ressources et les échecs pour apprendre... mais cessez de vous en vouloir.

Tous les événements sont produits les uns par les autres, je l'avoue. Si le passé est accouché du présent, le présent accouche du futur
Voltaire (1694-1778).

4. Le cadrage : la sécurité.
Il consiste à renseigner la personne étape par étape sur la manière dont les choses vont se dérouler.

Exemple :
— Ce que je vous propose en tout premier lieu, c'est que vous me parliez de ce que vous souhaitez changer. Dès ce stade, je peux être amené à vous poser quelques

Il est important dès ce stade de définir quelles sont les limites de vos interventions. Si vous êtes coach : limites personnelles et professionnelles ; thérapeutiques si vous êtes psychologue, médecin...
Lorsque vous êtes en autocoaching, le cadrage devient votre plan d'action.

5. Exploration, questionnement.

Il n'y a rien de plus difficile et de périlleux que d'avancer dans le brouillard.
L'exploration va répondre à la triple question :
— D'où venez-vous ?
— Où allez-vous ?
— Comment y allez-vous ?

<u>La situation présente.</u>

Contexte, ressources et moyens.
On parle également d'état présent (EP)
— Quel est le contexte ?
— *Quel est le problème ?*
— *Quelle est la cause du problème ?*
— *Comment le problème se manifeste-t-il (symptôme).*
— *Quels sont les inconvénients de la situation actuelle ?*
— *Quels sont les avantages de la situation présente ?*
— *Quels avantages la personne souhaite-t-elle conserver ?*

— De quelles ressources disposez-vous ? (Une ressource est un état interne : motivation, confiance en soi...).

— De quels moyens disposez-vous ?

Les moyens sont concrets : matériels, financiers, conseillers.

La situation future (objectif ou projet).

La situation future est également appelée état désiré (ED).

— Que voulez-vous à la place de la situation actuelle ?

Si c'est un objectif, nous ferons une **détermination d'objectif**.

Si c'est un projet, nous déroulerons les **niveaux logiques**.

— Quelle sera la situation une fois l'objectif ou le projet atteint ?

Si la personne est centrée sur son problème, le **SCORE** pourra être envisagé.

6. Vérification de l'écologie de la situation future (état désiré : ED).

Quels sont le ou les inconvénients (s'il y en a) qui surgiront une fois l'état désiré atteint ?

Si la personne ne trouve pas d'inconvénients, il faudra peut-être insister, il est possible qu'elle soit surtout connectée aux avantages.

Une bonne question à poser est :

— S'il y avait un inconvénient, lequel serait-il ?

Les inconvénients concernent la personne et aussi ses proches, son environnement, nous sommes tous reliés aux autres et au monde, c'est l'approche systémique de la PNL.

7. Choix de la technique de changement ?

La PNL postule que **plus nous avons de choix, mieux c'est**.

Elle propose donc tout un ensemble de techniques.

Ces techniques, lors du cadrage, devront être expliquées à la personne pour remédier à la peur de l'inconnu.

Certaines techniques ont des noms qui ne rassurent pas comme le « Destructeur de décision » (Formation PNL niveau III).

Il s'agit en réalité d'une technique toute simple qui ne présente que des avantages.

Le « *Changement d'histoire de vie (CHV)* » ou pire « *La Restructuration d'Histoire de Vie (RHV)* » peut inquiéter à tort le patient... la terminologie de la PNL n'est pas toujours heureuse.

Expliquez au sujet que vous allez l'accompagner et que ce sera très facile pour elle, certaines personnes craignent d'échouer, de ne pas être à la hauteur.

8. Mise en œuvre de la technique.

Les techniques en PNL se présentent sous forme de protocoles. Ces protocoles donnent un fil conducteur.

Pour pouvoir les mettre en œuvre, il faut les suivre à la lettre... donc les connaître sur « le bout des doigts ». Nous sommes comme le pianiste qui joue une partition, lorsqu'il la maîtrise, il pourra y mettre toute sa sensibilité.

Voyez le protocole général à la fin de ce chapitre.

Remarque.

Il arrive parfois qu'en cours de technique, nous soyons amenés à changer de technique, comme passer du « changement d'histoire de vie » au « changement d'empreinte » (voir le livre de PNL Niveau III). En PNL, rien n'est figé, la priorité est la personne que nous accompagnons.

9. Ponts vers le futur.

> *Si vous pouvez l'imaginer,*
> *vous pouvez y arriver.*
> *Si vous pouvez le rêver,*
> *vous pouvez le devenir.*
> William Arthur Ward, écrivain (1921-1994).

Vivre le changement en imagination va lui donner de la « consistance » et va donner de la consistance à sa motivation.

Dans beaucoup de techniques, on invite le sujet à vivre la nouvelle situation comme si elle était réalisée. Il commence ainsi à construire de nouveaux chemins neuronaux.

À l'époque où la PNL s'est construite, la notion de chemins neuronaux n'était pas encore connue.

En revanche, on connaissait l'**effet Rosenthal** (expérience en 1966), ou prophétie **autoréalisatrice** ou encore « effet Pygmalion ».

Nous connaissions également le pont vers le futur du fait des écrits d'**Émile Coué** (1857-1926). Émile Coué, très connu aux États-Unis, affirme que **l'imagination l'emporte toujours sur la volonté**, selon, disait-il, « le carré de la volonté », ce qui signifiait beaucoup plus que la volonté.

Il ajoutait que si l'imagination et la volonté s'associent, elles ne s'additionnent pas, mais se multiplient.

Tous les jours, à tous points de vue,
je vais de mieux en mieux.
Émile Coué

~

Récapitulatif de la procédure de changement.
Les grandes lignes du changement.
1. Relation, alliance : la base du changement.
2. Confiance et estime de soi.
3. Retrouver la paix intérieure est important.
4. Le cadrage : la sécurité.
5. Exploration, questionnement.
   La situation présente.
   La situation future (objectif ou projet).
6. L'écologie de la situation future (état désiré : ED).
7. Choix de la technique de changement ?
8. Mise en œuvre de la technique.
9. Ponts vers le futur.

Le suivi.

~

Conclusion.

Si vous ajoutez le pont vers le futur (l'imagination), plus la volonté de réussir à atteindre votre objectif, vous augmentez considérablement vos chances. Plus vous lisez une fable de la Fontaine, plus vous avez de chance de la connaître par cœur, plus vous faites de ponts vers le futur, plus vous avez de chance de réaliser ce dont vous rêvez.

Le suivi.

Bien évidemment, le suivi ne fait pas partie de la technique, il en est le prolongement.
Une fois la technique ou le coaching achevés, il est peu fréquent que nous revoyions la personne. Il est crucial de la recontacter pour vérifier si les résultats sont pérennes.

~

Le cadre du « comme si ».

Ils ne savaient pas que c'était impossible,
alors ils l'ont fait.
Mark Twain

Seuls ceux qui tentent l'absurde
peuvent réaliser l'impossible.
Albert Einstein (1879-1955)

La plupart des candidats au changement désiré rencontrent des obstacles sur leur chemin. La réussite passe plus par la capacité à lever les obstacles qu'à ne pas en rencontrer.

Le « cadre du comme si » est une approche extrêmement pratique et concrète, une sorte d'échafaudage pour introduire du possible dans notre carte du monde. Il est à noter que nous faisons déjà « comme si » notre carte du monde était le monde (voir carte du monde).

Fictionnalisme : le « cadre du comme si ».
Le « cadre du comme si » est inspiré d'une branche de la philosophie « **le Fictionnalisme** » développée par le philosophe Hans Vaihinger (1852-1933). Il publie en 1911 : « La philosophie du comme si »... la fiction utile.
En remontant encore plus loin dans le temps, nous retrouvons le « monde du comme si » avec Platon dans l'allégorie de la caverne.
Hans Vaihinger a été également influencé par Kant (1724-1804) qui utilise également le « comme si ».
Ce concept n'est pas non plus étranger à Freud.

Le cadre du « comme si » pour aller de l'avant.
Vous avez probablement entendu des enfants dire : « On fait comme si... ».
Peut-être avez-vous vous-même utilisé cette formule magique étant enfant ou adulte, formule grâce à laquelle tout devient possible ?

Le plus souvent lorsque nous rencontrons un **obstacle** important sur le chemin de la réussite, nous cherchons une solution. Si nous ne la trouvons pas, nous concluons parfois que l'ensemble du projet n'est pas réalisable.

Ce qui a pour effet de faire chuter la motivation, voire nous démoraliser.

Cette technique ne consiste pas à pratiquer la politique de l'autruche, mais tout simplement, pour un temps, à laisser de côté, l'obstacle en faisant **« comme si » cet obstacle n'existait pas** ou **« comme si » vous aviez trouvé la solution.**

Le torrent ne s'encombre pas d'un rocher,
il passe à droite, à gauche, par-dessus.

Le cadre du « comme si » favorise la créativité.

La « machine à rêver et à créer » se remet alors en route.

Les processus de recherche au niveau de l'inconscient se mettent à fonctionner.

Il vous est sans doute arrivé de rencontrer une difficulté, de ne pas trouver la solution au moment où vous la cherchiez. La solution apparaît plus tard à votre insu alors que vous aviez décidé de la laisser de côté. Je dis à mes étudiants : *« Une solution qui surgit hors de nuit comme un cheval au galop »* pour montrer le caractère soudain et inattendu de l'apparition.

Ce mécanisme a été très bien décrit par l'un des plus grands mathématiciens : Henri Poincaré (1854-1912) sous le nom de l'illumination qui est la troisième étape d'un processus qui en compte quatre : imprégnation, incubation, <u>illumination</u> et rationalisation.

Exemple.

Imaginez que vous soyez coach, la personne que vous coachez a le projet d'ouvrir un restaurant.

À un moment, un obstacle surgit :

— Je ne dispose pas des fonds pour financer mon projet, tout est perdu.

Vous cherchez des solutions sans résultats... blocage !

Je vous invite à passer outre :

— Faisons comme si vous aviez les fonds... que feriez-vous en premier, en deuxième ?

La motivation se remet en route. Nous n'avons pas abandonné le problème, nous l'avons simplement, pour un temps, laissé de côté. Pour information, la plupart des grandes fortunes se sont construites à partir de rien : Steve Jobs*, Sam Walton, Rockefeller, Mohed Altrad... la liste est longue. Certaines personnes n'ont pas le mot « impossible » dans leur dictionnaire mental.

** Steve Jobs continuait à travailler sur son projet alors qu'il était loin de disposer des fonds nécessaires.*

Les fondements du cadre du « comme si ».

La PNL ne cherche pas à faire le tri entre le vrai et le faux, elle distingue ce qui nous aide et ce qui nous limite. La raison en est toute simple : le plus souvent, nous ne sommes pas en mesure de distinguer le vrai du faux.

Jouons avec notre carte du monde.

Il n'y a pas de carte plus vraie qu'une autre. Il y a des cartes du monde qui dans un certain contexte sont plus efficaces que d'autres. Introduire le cadre du « comme si » donne de la **souplesse** et de l'**adaptabilité** à notre carte du monde alors que nous faisons déjà comme si elle était le monde. Le réel enferme, l'imaginaire ouvre, le rêve est le début de toute chose :

Toute réalisation a d'abord été un rêve
dans l'esprit de quelqu'un.
Einstein.

Les questions du cadre du « comme si ».
— Si vous n'aviez pas de problèmes, que feriez-vous en premier... en deuxième... ?
— Si vous aviez une baguette magique, qu'en feriez-vous ?
— Si vous aviez un génie comme dans la lampe d'Aladin que lui demanderiez-vous ?
— Si tout était possible, comment cela se passerait-il ?
— Avez-vous une personne en qui vous avez confiance, que vous estimez, si elle était là, que vous dirait-elle ?
— Si c'était un jeu que feriez-vous ?
— Si vous étiez au paradis... ?

Utilisation particulière du cadre du « comme si ».
Une personne est parfois tellement enthousiaste à l'idée de changer qu'elle ne peut envisager les inconvénients d'une situation future.

Question :

Il ne s'agit pas, bien évidemment, de démotiver une personne, mais simplement de lui permettre de chercher des inconvénients pour y remédier avant qu'ils n'apparaissent par surprise.

Conclusion sur le cadre du « comme si ».

Le « cadre du comme si » va permettre à son imagination et à sa créativité de s'exprimer pleinement. De trouver des solutions lorsque nous sommes en situation de blocage.

Vis <u>comme si</u> tu devais mourir demain.
Apprends <u>comme si</u> tu devais vivre toujours.
Gandhi (1869-1948)

~

Les techniques de changement proposées dans le livre de PNL Niveau I, Tome 1.

Les techniques de communication changeront votre vie.

Le rapport.
L'art et la manière de créer une relation de respect, de confiance et de sécurité. Cette relation ne relève pas du hasard. Certaines personnes la maîtrisent de manière instinctive. D'autres ont besoin de la travailler et l'améliorer.

La synchronisation.
L'art de se mettre en phase avec un interlocuteur pour renforcer la bonne relation.

Les techniques d'écoute.

Bien écouter s'apprend. Il ne suffit pas d'écouter, il faut aussi envoyer les signaux d'une bonne écoute. Parfois, nous demandons à une personne :

— Tu m'écoutes ?

Elle vous répond que oui, mais si vous lui avez posé la question, c'est que vous n'avez pas reçu les bons signaux. En jouant sur différents curseurs, vous pouvez aller jusqu'à créer une bulle de communication.

La calibration.

Cette technique est un énorme atout puisqu'elle permet de repérer les indicateurs externes de ce qui se passe à l'intérieur de la personne. Il ne s'agit pas d'interpréter, mais de repérer les changements et de poser des questions en fonction de ce que l'on observe et si nécessaire de changer votre manière de communiquer.

Le feedback.

Comment rendre compte à une personne, de manière efficace, de ce qu'elle a fait ? Le but premier du feedback est de donner de la motivation. Le deuxième but est de communiquer de l'information.

La carte du monde.

C'est un élément clé de la PNL aussi importante en communication qu'en changement. La carte du monde est notre représentation du monde. Évidemment, cette représentation qui nous est propre n'est pas le monde.

Chaque carte a du sens pour la personne qui la possède, c'est son système de référence.

La PNL et le changement.

La PNL est constituée d'un ensemble de techniques dont je vous propose un rapide survol. Bien évidemment, nous ne les développerons pas, ce qui nous conduirait à un livre de mille cinq cents pages. Cependant, vous pouvez les retrouver dans l'ensemble de mes livres (voir référence à la fin de cet ouvrage).

~

Les techniques de changement proposées dans le livre de PNL niveau II.

Le niveau II est essentiellement sur la gestion des émotions. Le début de chaque livre comporte un bref rappel sur ce qu'est la PNL et les choses essentielles à la compréhension du livre.

Une ancre est un stimulus qui déclenche de manière automatique une réaction émotionnelle ou sensorielle.

Un ancrage est une technique qui consiste à poser une ancre.

Une ressource.
C'est un état interne (émotion ou sensation) qui vous aide à atteindre vos objectifs, vos projets, vos buts.

Ancrage de ressource.
Une technique qui permet d'aller chercher des ressources au plus profond de nous-même.

Auto-ancrage de ressource.

Apprendre à faire venir soi-même les ressources dont nous avons besoin.

Ancrage de ressource au contexte.

Grâce à cette technique, vous vous sentirez bien de manière automatique dans une situation prédéterminée par exemple : salle de réunion.

La désactivation d'ancres.

Cette technique permet de se libérer d'émotions ou de sensations négatives qui surviennent de façon automatique en présence d'une ancre.

La simple dissociation.

Permets de détacher une émotion ou une sensation négative et automatique en présence d'un élément déclencheur.

La double dissociation.

Technique qui permet de se libérer d'une émotion négative très intense de type phobie ou traumatisme

Les sous-modalités.

Elle code une expérience aux niveaux visuel, auditif, kinesthésique, olfactif et gustatif. En modifiant les sous-modalités critiques, vous modifiez la manière dont vous vivez mentalement un souvenir ou une représentation mentale future.

Le modèle des parties.

Nous vivons parfois des conflits internes qui conduisent à des regrets, des impossibilités d'agir...

Ce modèle permet d'atteindre la paix intérieure en résolvant les conflits quand ils surviennent.

~

Le livre PNL Niveau III comporte de nombreuses techniques qui permettent de réparer notre passé.

Les évènements plus ou moins douloureux de notre passé continuent à produire des effets au présent et au futur. Nous pouvons pleurer en repensant à un évènement douloureux de notre passé, nous pouvons sourire ou rire simplement en repensant à un bon souvenir. Pour le cerveau, nos expériences anciennes sont toujours là, au présent.

À partir de ces évènements, des **croyances** se sont mises en place, puis des **décisions** et enfin des **règles de comportement**.

~

Les techniques régressives.

Elles permettent de changer des croyances limitantes qui sont nées lors d'événements vécus de manière négative.

La redécision sur la ligne de temps.

Elle consiste à faire un retour mentalement vers un moment du passé où un événement négatif, voire traumatisant, a eu lieu. Ensuite, nous analysons la conclusion que nous avions tirée à un âge enfantin, et nous explorons les autres conclusions qui auraient pu être envisagées à la lumière de nos connaissances actuelles.

Destructeur de décision.

— Ah, si j'avais su !

Un événement qui a laissé des traces parce qu'il nous manquait une ou plusieurs informations. Nous allons imaginer qu'une expérience (expérience correctrice) a eu lieu juste avant ce mauvais événement.

Le changement d'histoire de vie.

Dans notre passé, un évènement a eu des conséquences négatives sur toute notre vie. Au moment où cet évènement s'est produit, qu'aurait-il fallu que nous fassions pour éviter les conséquences néfastes ? À condition évidemment que ce comportement différent soit possible compte tenu de votre âge et du contexte.

Le changement d'empreinte.

On l'utilise dans le même contexte que précédemment, mais avec une différence de taille, l'enfant, parce qu'il est trop jeune ou parce qu'il est en présence d'adultes toxiques n'aurait pas pu agir différemment.

Les techniques non régressives.

Toutes nos croyances ne sont pas nées de notre enfance. Nous « fabriquons » de nouvelles croyances tout au long de notre existence.

Le métamodèle

Le métamodèle et notamment les quantificateurs universels (toujours, jamais, personne, tous...) sont de grands pourvoyeurs de croyances nouvelles. C'est avec le questionnement que nous amènerons la personne à s'interroger sur la généralisation abusive (croyances).
— *Ils sont tous pareils.*

Changer les croyances avec l'ancrage partial.

Certaines de nos croyances ont une vie. Certaines sont certaines (j'aime mes enfants), d'autres sont périmées (croyance dans le Père-Noël), d'autres sont possibles (il est possible qu'il y ait d'autres formes de vie dans l'univers. D'autres encore nous font douter (je doute qu'un jour il y ait la paix totale sur terre).

Les conflits de croyances.

Il peut arriver que parfois certaines de nos croyances soient en conflit par exemple entre une croyance de notre passé (croyance familiale) et une croyance orientée présent/futur.

~

Technique complémentaire.

Le pardon.

La technique du pardon permet de se libérer de rancœurs, de rancunes, de ressentiments qui nous polluent et nous empêchent d'avancer dans la vie. Contrairement à ce que beaucoup de personnes pensent, pardonner est une bonne chose pour soi. Le pardon est souvent empêché par des croyances limitantes.

~

Récapitulatif.

Les techniques de changement proposées dans le livre de PNL Niveau I, Tome 1.

Le rapport.

La synchronisation.

Les techniques d'écoute.

La calibration.

Le feedback.

La carte du monde.

Les techniques de changement proposées dans le livre de PNL niveau II.

Les ancrages.

Une ressource.

Ancrage de ressource.

Auto-ancrage de ressource.

Ancrage de ressource au contexte.

La désactivation d'ancres.

La simple dissociation.

La double dissociation.

Les sous-modalités.

Le modèle des parties.

Le livre PNL Niveau III comporte de nombreuses techniques qui permettent de réparer notre passé.

La redécision sur la ligne de temps.

Destructeur de décision.

Le changement d'histoire de vie.

Le changement d'empreinte.

Les techniques non régressives.

Le métamodèle

Changer les croyances avec l'ancrage partial.

Les conflits de croyances.

Technique complémentaire.

Le pardon.

~

ANNEXE.

Plan d'action.

Fiche planification /organisation.

La Fiche de planification/organisation comprend plusieurs subdivisions, adaptées au changement que l'on veut mettre en place. Elle répond à la nécessité de clarifier le processus de changement pour agir avec efficacité.

Vous pouvez utiliser une « mind map » (ou schéma heuristique). Vous pouvez également utiliser la WBS (Work Breakdown Structure) qui est basée sur la hiérarchie des tâches d'un projet (voir plus bas).

Dans le cadre d'un coaching, le rôle du coach n'est pas de planifier les activités de la personne coachée, mais de l'aider, à travers un questionnement approprié, à clarifier son parcours vers le succès et à découvrir ses propres agencements.

La planification doit :

Procéder au découpage du changement envisagé en projets, buts, objectifs, voire sous objectifs.

Identification de l'ensemble des tâches à effectuer.

Établir des priorités, ce qui est à faire en premier, en deuxième...

Comporter un certain nombre d'éléments : où, quand, avec qui, comment ?

Calendrier : étapes successives, début-fin.

Mise en évidence des **ressources** et des outils à mettre en œuvre.

Suivi et contrôle des tâches à effectuer.

Liste des résultats obtenus.

Voici un modèle qui permet de savoir à chaque instant où nous en sommes.

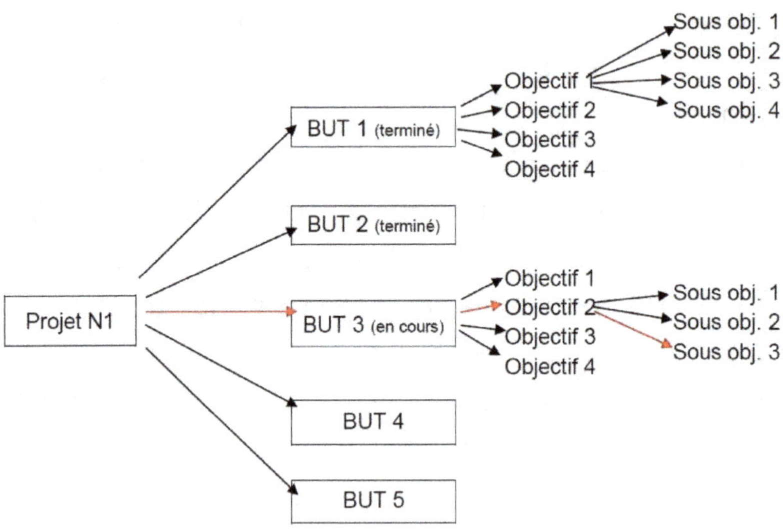

(En rouge, chemin en cours).

Remarque :

Il n'y a pas nécessairement linéarité. De plus, le planning s'enrichit au fur et à mesure du déroulement du changement. Des éléments imprévus peuvent à tout moment être intégrés.

La Work Breakdown Structure (WBS), ou structure de répartition du travail en français, est un outil de gestion de projet. Elle décompose un projet en éléments plus petits et plus gérables, permettant ainsi une meilleure organisation et une meilleure planification.

Principales caractéristiques de la WBS :

Hiérarchie.
La WBS organise les tâches de manière hiérarchique de la vision panoramique à la vision spécifique (détail)
Détaillée.
Chaque niveau est décomposé en sous-tâches, permettant une identification claire de toutes les activités nécessaires à l'achèvement du projet.
Orienté solutions.
La WBS est généralement orientée vers les solutions c'est-à-dire les résultats concrets à obtenir.
Numérotation.
Numérotation structurée pour identifier facilement les hiérarchies et les relations entre les tâches.

Les avantages.

La Clarté.
Vision claire et concise des différentes parties d'un projet.
Gestion des ressources.
Attribution des ressources nécessaires à chaque tâche.
Suivi de l'avancement.
Identification des risques.
Le projet étant décomposé, il est plus facile d'identifier les risques associés à chaque tâche.

Conclusion de la WPS.

La WBS est un excellent outil, car elle favorise une meilleure planification, une organisation efficace des tâches, et contribue à la réussite du projet.

Elle constitue une base pour élaborer le calendrier, le budget et les autres aspects clés de la gestion de projet.

~

Technique par groupe de 3 : exercice.

Groupe de 3 :

Vous avez décidé de travailler par groupe de trois en trouvant deux autres personnes.

A est le sujet ; B déroule la technique ; C fera un feedback.

A apporte un sujet.

Le sujet doit être adapté et utilisable par B.

B applique la technique :

- B suit la technique pas à pas : ayez le livre à la main.

Les questions doivent être posées en suivant le protocole.

- B vérifie l'écologie.

- B utilise l'écoute active, la synchronisation, la calibration...

C est attentif au déroulement de l'exercice.

Il prend des notes, il fera un feedback à B, rappel de la structure du feedback :
- Le rapport.
- Le cadrage.
- Les points positifs (factuels).
- Les pistes d'améliorations (hypothèses).
- L'appréciation générale.

~

Ensuite vous tournez : A devient B ; B devient C et C devient A.

~

La PNL, quelques généralités.

1. La PNL est un modèle.

La PNL est basée sur l'observation de l'expérience humaine. Elle s'est inspirée d'experts comme Milton Erickson et Virginia Satir. Développée par Richard Bandler et John Grinder, la PNL est une approche concrète et pratique et non une simple théorie.

2. La PNL est applicable immédiatement.

Dès le premier jour, les clés pour établir de bonnes relations entraînent un changement immédiat dans la vie de chacun et aident à réaliser un changement personnalisé.

3. Ce manuel est très pratique.

Enseignant et praticien, je me suis tout d'abord formé à la PNL pour établir une bonne relation avec mes patients et les aider à changer des comportements nocifs. La priorité est donnée à la pédagogie d'où les cas concrets et détaillés. J'enseigne la PNL pour permettre à chacun de gérer son potentiel et de trouver des solutions efficaces.

4. Trois éléments indispensables à notre bonheur.

<u>Une relation humaine de qualité.</u>
Les relations apportent nos plus grandes joies et nos plus grandes peines.

<u>Un changement positif, désiré... par vous.</u>
Nous ne pouvons pas ne pas changer. Le changement est inévitable. Adaptez-le à ce que vous êtes et à vos aspirations profondes.

<u>Le développement de soi.</u>
L'être humain peut apprendre tout au long de sa vie grâce à son cerveau. Il peut s'épanouir ou se flétrir, selon ce que chacun choisit en fonction du contexte pour mener une vie heureuse.

5. Le monde évolue, tout comme la science et la PNL.
Nous vivons une période de changement révolutionnaire (type II), avec des évolutions disruptives, un concept introduit par Jean-Marie Dru.

6. La PNL est un outil.
Un outil n'est utile que si on l'utilise. L'usage de la PNL dépend de vous, elle peut malheureusement servir à manipuler ou à aider.

7. La vie n'est pas un long fleuve tranquille.
Nous traversons des périodes heureuses, calmes et tumultueuses. La PNL vous aide, peu importe ce que vous vivez.

~

Récapitulatif.

1. La PNL est un modèle.

2. La PNL est applicable immédiatement.

3. Ce manuel est très pratique.

4. Trois éléments indispensables à notre bonheur.
   Une relation humaine de qualité.
   Un changement positif, désiré… par vous.
   Le développement de soi.

5. Le monde évolue, tout comme la science et la PNL.

6. La PNL est un outil.

7. La vie n'est pas un long fleuve tranquille.

~

Réflexions personnelles.

Je souhaite modestement faire progresser la PNL, ancrée dans la modernité et les neurosciences. Comme le disait Rabelais, **« sciences sans conscience n'est que ruine de l'âme »**.

Les « bons » changements sont durables : la production de dopamine lors d'un événement est éphémère et ne suffit pas à lutter contre la dépression. Je développe de nouvelles techniques et approches basées sur la production durable de synapses et de chemins neuronaux.

La PNL est née de la modélisation de l'expérience humaine.

L'école de Palo Alto a eu un impact majeur, elle était elle-même influencée par la culture de son époque et notamment à travers la philosophie, et je leur exprime ma profonde gratitude.

Je tiens à une valeur fondamentale : **l'humanisme**, en perte de vitesse aujourd'hui, mais immortelle.

Chaque personne mérite **une part de bonheur**, et il y a encore du chemin à parcourir ensemble.

Émile Coué, en prônant la répétition, avait eu l'intuition juste. Un siècle après sa mort, la science confirme ses idées avec les avancées en neurosciences et épigénétique. Malgré sa méconnaissance en France, je lui rends hommage.

L'intelligence artificielle ouvre de nouvelles perspectives, amplifiant le travail des chercheurs humanistes.

Je crois en l'autonomie individuelle tout en reconnaissant nos connexions, car l'amour ne peut être délégué.

L'autonomie.
En hypnose, je privilégie l'autohypnose ; en PNL,
l'autoprogrammation ; en coaching, l'autocoaching.

~

CONCLUSION GÉNÉRALE.

« Que la force me soit donnée de supporter ce qui ne peut être changé et le courage de changer ce qui peut l'être, mais aussi la sagesse de distinguer l'un de l'autre.
Si tu es en peine à cause d'une chose extérieure, ce n'est pas cette chose qui te trouble, c'est le jugement que tu portes sur elle. »
Marc Aurèle (121 - 180), empereur et philosophe romain.

« On ne peut pas ne pas changer ». Depuis l'apparition des premiers hominidés, il y a 2,5 millions d'années, nous évoluons... souvent pour survivre. Le changement fait partie de notre existence. Notre cerveau est conçu pour apprendre... apprendre pour changer.

Notre environnement se transforme et nous nous adaptons. **Des obstacles apparaissent** et nous apprenons à les surmonter, cet ouvrage aborde les obstacles internes et externes. Et les différents niveaux de changement.

Ce livre est avant tout pratique et concret. Il présente **des outils et des stratégies éprouvées** pour vous permettre d'évoluer **en harmonie avec votre véritable personnalité.**

De nombreuses personnes vous prodigueront des conseils sur ce qui pourrait vous être bénéfique. Bien que leurs intentions soient bonnes, connaissent-elles réellement vos besoins profonds, vos ressentis ? Savent-elles ce qui compte vraiment pour vous, au plus profond de votre être ?

Le changement commence par le fait de savoir précisément ce que l'on veut... en termes de buts, de projets, d'objectifs et être capable de visualiser le résultat (s'en faire une représentation mentale).

Il se poursuit par le désir de changer, c'est la motivation.

Enfin, nous devons avoir le **courage d'agir**... « *Il faut commencer par le commencement. Et le commencement de tout est le courage* ». Vladimir JANKELEVITCH.

NOUS ne pouvons pas changer si nous ne disposons pas **d'outils efficaces**. Le plus talentueux des menuisiers ne pourra construire le moindre meuble sans outils, peu importe sa motivation.
Ce livre vous offre une multitude d'outils et de stratégies, détaillés étape par étape et accompagnés d'exemples concrets.

~FIN~

Au plaisir de vous retrouver.
Retrouvez-moi sur ma chaîne YouTube.
Dr Robert Larsonneur

~

DU MÊME AUTEUR.

1° Formation PNL, Niveau I Tome 1. Les bases de la PNL, l'art de la communication et de la relation humaine.

2° Formation à la PNL niveau I Tome 2 : Transformez votre vie avec la PNL.

3° Formation à la PNL niveau II : La gestion des émotions.

4° Formation à la PNL niveau III : Réparer son passé avec la PNL.

5° Formation à la PNL niveau IV : Le projet de vie.

6° Hypnose ericksonienne, hypnose elmanienne et nouvelle hypnose (620 pages).

7° Rester jeune et même rajeunir et rester en bonne santé (551 pages).

8° Perdez du poids sans jamais en reprendre avec la nutrition et le mental.

9° Un roman : SOLEME

10° Développez votre estime et votre confiance en vous. La clé de votre épanouissement.

11° L'art de la communication, au cœur de la relation, au cœur d'une vie heureuse.

12° La sérénité enfin retrouvée pour une relation enfant/parents apaisée.

13° Stop à l'insomnie. Les troubles, les causes, les solutions.

Pour vous procurer facilement les livres, utilisez le **QR code**.

~

Accès au site : www.robert-larsonneur.fr

I - FORMATION PNL NIVEAU I. TOME I.
Les bases de la PNL - L'art de la communication et de la relation humaine.

La vocation de cet ouvrage est d'apprendre à utiliser la PNL, notamment en ce qui concerne la communication et la relation humaine. Elles sont au cœur de notre vie tant au niveau professionnel qu'au niveau personnelle.

Bien communiquer, savoir créer de bonnes relations est un **atout majeur**. Ces compétences sont source de bien-être et de réussite professionnelle. Ce livre dans cette optique est très **concret et pratique**.

Les techniques sont **décrites point par point** avec une **multitude d'exemples** des **photos et des schémas pour les illustrer**.

La première partie est centrée sur les fondations de la PNL, ces concepts sont très éclairants et indispensables pour apprendre à bien utiliser les techniques.

Nous avons tous appris à parler, mais on ne nous a pas appris à bien communiquer, et pourtant c'est sans doute le secret d'une vie heureuse et d'une belle réussite professionnelle. Tout s'apprend, dit-on, c'est vrai, la communication plus que tout.

II- FORMATION PNL NIVEAU I. TOME 2.
Transformez votre vie avec la PNL.

Maîtriser le changement, c'est maîtriser sa vie.
« On ne peut pas ne pas changer ». Depuis l'apparition des premiers hominidés, il y a 2,5 millions d'années, nous évoluons… souvent pour survivre. Le changement fait partie de notre existence. Notre cerveau est conçu pour apprendre, apprendre pour changer.

Notre environnement se transforme sans cesse et nous nous adaptons. Des obstacles surgissent et nous apprenons à les surmonter, cet ouvrage aborde les obstacles **internes et externes**, les changements **de type I et de type II.**
Ce livre extrêmement **pratique** décrit **des outils et des stratégies éprouvées** pour vous permettre d'évoluer **en harmonie avec votre véritable personnalité**.
De nombreuses personnes vous prodigueront des conseils sur ce qui pourrait vous être bénéfique. Bien que leurs intentions soient bonnes, connaissent-elles réellement vos besoins profonds, vos ressentis ? Savent-elles ce qui compte vraiment pour vous, au plus profond de votre être ? Évoluer commence par une compréhension claire **de vos désirs**, que ce soit en termes d'**objectifs**, de **projets** ou de **rêves**.

Vous devez être capable de visualiser le résultat : *« Rêve ta vie en couleur, c'est le secret du bonheur »*, Walt Disney.

Le désir de changer, la motivation sont indispensables à un changement heureux.

Enfin, nous devons avoir le **courage d'agir**... *« Il faut commencer par le commencement. Et le commencement de tout est le courage »*. Vladimir JANKELEVITCH.

NOUS ne pouvons pas changer si nous ne disposons pas **d'outils efficaces**. Le plus talentueux des menuisiers ne pourra construire le moindre meuble sans outils, peu importe sa motivation.

III - FORMATION PNL NIVEAU II.

Gestion des émotions - conflits internes.

Savoir gérer ses émotions est un atout inestimable qui transformera votre vie. Pensez aux occasions manquées en raison d'émotions gênantes. Imaginez pouvoir prendre la parole en public, en projetant la bonne émotion au moment adéquat, tout en écartant le stress néfaste qui affecte tant de personnes.

Pour commander le livre.

Ce livre a pour but de vous fournir des outils concrets pour « respirer émotionnellement » et <u>développer votre intelligence émotionnelle</u>. Les techniques y sont expliquées en détail, pas après pas et illustrées par des exemples réels.

Les <u>techniques d'ancrage</u>, utilisées par des professionnels de la politique, des affaires, du spectacle et du sport, sont des processus naturels que vous apprendrez à maîtriser.

Modifier les <u>sous-modalités</u> est ce que nous faisons souvent à notre insu qu'il s'agisse d'assombrir ou d'embellir un souvenir. <u>Nos conflits internes</u> nous font mal certaines situations, et plus grave encore, nous entravent dans nos actions, engendrent souvent l'indécision et parfois même provoquent une paralysie.

Ce livre traite également, <u>avec la double dissociation</u>, les <u>émotions intenses</u>, notamment celles qui surviennent dans des cas de <u>phobie</u> ou de <u>traumatisme</u>. D'autres techniques, telles que la <u>simple dissociation</u> et la <u>désactivation d'ancres</u>, sont également explorées en profondeur.

~

IV - FORMATION PNL NIVEAU III. Réparer son passé avec la PNL.

Nos croyances jouent un rôle déterminant dans notre vie. Elles rendent notre quotidien plus simple et sont de puissants amplificateurs **lorsqu'elles sont bénéfiques**.

En revanche, lorsqu'elles sont **limitantes**, elles deviennent un véritable fardeau que nous traînons comme un bagnard traîne son boulet.

Les techniques régressives permettent de réparer notre passé pour aller de l'avant, c'est aussi la voie royale pour changer des croyances parfois très anciennes. **Des techniques non régressives** sont abordées pour changer les croyances néfastes plus récentes. Enfin, **la technique du pardon** est décrite en détail pour se libérer des ressentiments, rancunes et rancœurs qui empoisonnent parfois l'existence.

Toutes les techniques sont abordées de **manière très détaillée** pour avancer **pas à pas** avec des exemples concrets.

~

V — HYPNOSE ERICKSONIENNE, ELMANIENNE et NOUVELLE HYPNOSE.

Les trois grands mouvements de l'hypnose sont abordés en détail ainsi que l'AUTOHYPNOSE, HYPNOSE CONVERSATIONNELLE. Ce livre dépasse les 600 pages. C'est assurément un livre de référence. De nombreux SCRIPTS sont proposés avec une multitude d'exemples concrets.

Pour commander, scanner le QR code avec l'appareil photo de votre smartphone. **Un livre de 620 pages...**

POUR ACCÉDER AU **SOMMAIRE** DU LIVRE.

DESCRIPTION :

La séance d'hypnose est décrite point par point. Une partie importante est consacrée aux suggestions avec des exemples parlant. En prime, la méthode Coué fait l'objet d'un chapitre. Les neurosciences enrichissent ce livre et font le lien avec l'hypnose de demain.

Les sujets importants sont abordés de façon très détaillée :
• Arrêt du TABAC.
• Traitement de la DOULEUR.
• Traitement du SURPOIDS.
• L'insomnie.
• L'ESTIME de soi et la CONFIANCE en soi.
• L'hypnose chez l'ENFANT.
• Les PHOBIES.
• Les techniques RÉGRESSIVES.

Ne confondez pas l'âge civil et l'âge biologique.

Vous ne pouvez pas changer l'année de votre naissance, mais vous pouvez rajeunir biologiquement et en tout cas vieillir lentement. Au même âge civil, certaines personnes paraissent plus jeunes, d'autres plus âgées.

Livre : Rester jeune et même rajeunir et en bonne santé. **551 pages**
Le QR **pour commander**.

QR code pour accéder au
SOMMAIRE

Au même âge civil, certaines personnes paraissent plus jeunes, d'autres plus âgées.

Ce qui compte, c'est votre ÂGE BIOLOGIQUE.

Ce livre aborde **l'ensemble des sujets** et vous donne **des milliers de conseils** pour l'allongement de la vie **EN BONNE SANTÉ**.

Ce livre vous dit : comment bien dormir, comment lutter contre la sédentarité, comment bien se nourrir, l'importance de la relation humaine... Il vous parle des toxiques et de leur influence sur la qualité de vie : le tabac, l'alcool, le stress.

Je vous parle de l'avenir sur la longévité en bonne santé : la génétique, le rôle de l'acide hyaluronique... et 32 autres sujets passionnants.

La science nous apporte dans des délais très courts des possibilités extraordinaires d'allongement de la vie en bonne santé. En attendant, il faut tenir.

~

Un roman : SOLEME
(Thriller romantique).

Pour commander.

De rebondissement en rebondissement, un roman haletant où se mêlent amours, amitiés, assassinats, complots et drames. Soleme et Raphaël se rencontrent dans un train. Quoi de plus banal... en apparence ? Vraie rencontre, ou machination ? Quel est le drame qui a créé Soleme cette femme hors norme ? Des personnages atypiques, calculateurs, machiavéliques agissant dans l'ombre vont s'aimer, se haïr, se tolérer, des destins brisés. L'amour et l'amitié vont-ils survivre à tous ces pièges tendus, à ces désirs de vengeance démesurée. Un combat sans merci va opposer une puissante mafia, un groupe de mercenaires et un brillant hacker meurtri et fou. Un roman qui vous fera voyager aux quatre coins du monde.

VIII — ESTIME DE SOI ET CONFIANCE EN SOI.
ÉPANOUISSEMENT PERSONNEL.

Ce livre est un aboutissement.
Je l'ai rêvé et écrit pour vous.
Après une enfance de galères et
destructrice qui s'est poursuivie
bien au-delà, j'ai travaillé
encore et encore à l'estime de
soi, la confiance en soi et enfin
l'épanouissement personnel.

Pour commander, scanner le
QR code avec l'appareil photo
de votre smartphone

Ce livre vous donne des outils concrets qui s'appuient sur
la PNL (Programmation Neuro-Linguistique), l'hypnose,
l'analyse transactionnelle, les neurosciences, la
psychopathologie (pour vous protéger). J'ai enseigné
toutes ces matières dans mes centres de formation.
J'aborde les sujets point par point comme on construit une
maison brique après brique. Je vous propose des exercices
pour que de manière naturelle vous retrouviez votre propre
chemin, celui qui correspond à votre propre personnalité.
Ce n'est pas seulement un livre de réparation d'éventuels
traumatismes, c'est un livre pour atteindre toutes ses
potentialités... aller au-delà.

~

IX — L'ART DE LA COMMUNICATION AU CŒUR DE LA RELATION, AU CŒUR D'UNE VIE HEUREUSE.

Ce livre est une vraie baguette magique pour ceux qui souhaitent établir de bonnes relations avec les autres. Nos plus grandes joies et nos plus grandes difficultés, voire malheurs, viennent de la relation humaine. Bien communiquer est un atout extraordinaire au niveau personnel (couple, famille, amis…) et professionnel (collègues de travail, supérieurs hiérarchiques).

QR code pour **commander.**

QR code pour accéder au **sommaire** du livre.

Les plus grandes techniques de communication développées depuis plus d'un siècle par des chercheurs de génie. : PNL, Analyse transactionnelle, hypnose conversationnelle, communication non violente. L'auteur a enseigné toutes les disciplines dans son centre de formation en plus de la psychopathologie et des neurosciences. Vous pourrez également apprendre à repérer les PERSONNES TOXIQUES et vous en protéger. Enfin, grâce à une meilleure communication, vous verrez votre charisme et votre leadership augmenter.

~

X— PERDEZ DU POIDS SANS JAMAIS EN REPRENDRE

« **Perdez du poids sans jamais en reprendre** » est un ouvrage qui prend en compte l'alimentation, la nutrition et le MENTAL. Le MENTAL demeure le point faible majeur, celui qui empêche d'atteindre ses objectifs et celui qui fait rechuter

QR code pour **commander.**

MENTAL, NUTRITION ET ALIMENTATION constituent une association incontournable. Le docteur Larsonneur insiste sur l'exercice physique, non pas le sport... mais la non-sédentarité. Nous rencontrons aujourd'hui du fait du travail sur les ordinateurs et les séries télévisées l'apparition d'un FLÉAU : LA SÉDENTARITÉ. Nous en arrivons aujourd'hui à rencontrer des SPORTIFS SÉDENTAIRES : plus de 7 heures par jour assis et du sport le week-end. L'être humain n'est pas génétiquement programmé pour passer autant de temps assis : le « **too much sitting** ». La sédentarité est une calamité. Marcher un peu chaque jour vous sauvera la vie.

~

XI — LA SÉRÉNITÉ ENFIN RETROUVÉE LA RELATION ENFANTS/PARENTS APAISÉE

Pleurs, cris, crises parfois cataclysmiques, l'enfant met les nerfs des parents démunis à fleur de peau. Ce livre aborde le pourquoi et **surtout le « comment s'y prendre »**.
Pendant des milliers d'années, les enfants ont été élevés sans que nous ne sachions rien sur leur cerveau.

QR code pour **commander.**

Pendant des milliers d'années, les enfants ont été élevés sans que nous ne sachions rien sur leur cerveau. Le cerveau des enfants est immature. Dès la naissance, l'enfant en souffrance subit ses émotions sans aucun contrôle possible… faute de connexions neuronales. Les parents souvent excédés, sans le savoir, mettent de « l'huile » sur le feu émotionnel que vit l'enfant. **Des explications simples, des solutions concrètes faciles à appliquer**. À la lumière des découvertes les plus récentes, c'est une révolution qui se met en place en matière d'éducation. Soyez les premiers à en bénéficier.

~

XII — STOP À L'INSOMNIE, LES TROUBLES… LES CAUSES… LES SOLUTIONS.

Stop à l'insomnie. Les troubles, les causes, les solutions.

Pour beaucoup de gens, l'insomnie est une source d'inconfort avec à la clé une mauvaise journée le lendemain.

L'INSOMNIE, c'est beaucoup plus grave qu'un « simple » inconfort.

Pour commander

QR code pour accéder au **SOMMAIRE** DU LIVRE.

Le sommeil est la clé de voûte de la santé, bien avant l'alimentation et l'activité. Après avoir décrit ce qu'est le sommeil et son importance, ce livre s'attache à donner une multitude de solutions qui peuvent s'ajouter les unes aux autres. Un guide va vous aider point par point à mettre en place les solutions pour vous conduire à un sommeil de qualité.

~

XIII — FORMATION/COACHING/HYPNOSE.
J'organise des formations en PNL, en hypnose et sur divers autres sujets. J'accompagne également des personnes en hypnose et en coaching.
Pour plus d'informations, scannez le QR code :

~

XIV — RETROUVEZ-MOI SUR YOUTUBE.

Vous découvrirez de **nombreuses vidéos sur la PNL** (Lexique) et sur **l'hypnose**.

XIV — RETROUVEZ-MOI SUR INSTAGRAM, LINKEDIN, FACEBOOK.

XV — INSCRIVEZ-VOUS À LA NEWSLETTER.

Inscription.
Il vous suffit de noter votre
adresse mail.

XVI — FORMATIONS VIDÉO EN LIGNE.

Formations vidéo en ligne (VIVOVOJO).
Docteur Robert Larsonneur et Noémie Kleiber.
ENSEIGNANTS EN HYPNOSE.
Formation : Praticien en hypnose.

• 33 vidéos en qualité HD.
• 33 documents pédagogiques.

Pour commander
La formation
Praticien en hypnose

Nous ne commercialisons pas ces formations.
Nous avons réalisé ces formations. Elles ont été admirablement filmées par VIVOVOJO qui les commercialise.

~

Pour accéder au site du
Dr Robert Larsonneur